Reinhold Falkner
MikrocomputerLexikon

Reinhold Falkner

Mikro-
computer-
Lexikon

1500 Fachbegriffe exakt
definiert mit Register
Englisch/Deutsch

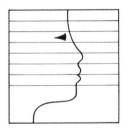

DeV Verlags-GmbH

Die Benutzung aller Warennamen im vorliegenden Buch erfolgt ohne Gewährleistung der freien Verwendbarkeit. Ein möglicher Patentschutz wurde bei der Veröffentlichung nicht berücksichtigt. Trotz größter Sorgfalt kann auch bei diesem Buch eine absolute Fehlerfreiheit nicht garantiert werden. Für Folgen, die sich aus fehlerhaften Angaben ergeben, übernehmen Verlag und Verfasser keinerlei Haftung oder juristische Verantwortung.

© 1982 by DeV Verlags-GmbH, 8000 München
2. Auflage 1984
Alle Rechte vorbehalten
Einbandgestaltung: Monika Plenk
Druck und Satz: Frühmorgen & Holzmann
Printed in Germany

ISBN 3-923858-00-0

Vorwort

Die preiswerten und leistungsstarken Mikro- und Personalcomputer erobern ständig neue Einsatzbereiche. Da ist die Rede von Zuwachsraten um 1000 Prozent bis 1986. Wer hier Schritt halten will, muß sich mit einer Fachsprache auseinandersetzen, die von einem enorm hohen Innovationstempo geprägt ist und Computerhersteller wie auch Anwender gleichermaßen vor neue Probleme stellt.

Dieses Fachlexikon soll dazu beitragen, eine Spezialistensprache transparenter zu machen. Das Mikrocomputerlexikon enthält rund 1500 Fachbegriffe aus der aktuellen Fachliteratur, die klar und exakt definiert sind.

Jeder Suchbegriff ist mit seiner englischen Übersetzung versehen. Für den Leser englischsprachiger Fachliteratur ist das Register im Anhang des Buches ein unentbehrliches Hilfsmittel.

Ein Fachlexikon bedarf der laufenden Verbesserung, wenn es ein praxisgerechtes Nachschlagewerk bleiben soll. Wir freuen uns schon deshalb über jede Kritik, die uns hilft, das Lexikon weiterzuentwikkeln.

Reinhold Falkner

A

A
a) Abk. für Akkumulator.
b) Im hexadezimalen Zahlensystem bezeichnet „A" die Dezimalziffer 10.

abbrechen truncate
Vereinbarung zum Beenden eines Rechenprozesses nach einem spezifischen Term.

Abbruch abort
Definierter Abbruch eines Programmlaufs.

Abfrage polling, call
a) Feststellung eines Systems oder Geräts, ob das andere System oder Gerät in der Lage ist, Daten zu empfangen bzw. zu senden.
b) Anforderung eines Datensatzes aus einer Datenbank.

Abfragesprache query language
Teil eines Datenbank-Management-Systems. Dient zur gezielten Abfrage von Datenbeständen. Daten können mit diesem Programmsystem oft auch neu eingeschrieben und geändert werden.

Abfragesprache, Kommando
query language, command
Anweisung im Rahmen einer Querysprache (Datenabfragesprache), wie z. B. Speichern, Löschen, Ändern.

Ablaufdiagramm, Flußdiagramm
flow chart
In einem Ablaufdiagramm werden die einzelnen Operationsschritte mit Hilfe von Standard-Symbolen grafisch dargestellt. Wichtige Ablaufdiagramme in der EDV sind Programmablaufplan, Datenflußplan und Befehlsdiagramm.

ablauffähiges Programm active program
Softwareprogramm, das ein Programm in Maschinencode umwandelt, das anschließend direkt ausgeführt werden kann.

Ablaufsteuerung sequencer
Mikrocomputerkomponenten, die die Bereitstellung des nächsten auszuführenden Mikrobefehls vornehmen.

abrollen rollover
Auf einer Eingabetastatur die Betätigung von einer oder mehreren Tasten.

absolute Adresse absolute address
Spezifiziert die aktuelle Speicherstelle für Daten während der Ausführung eines Programms. Zur Errechnung dieser Adresse kommt eine spezielle Routine zum Einsatz.

absolute Adressierung absolute addressing
Die absolute Adresse ist bei diesem Adressierungsmodus im Adreßteil des Befehls definiert.

absolute Programmierung absolute programming
Programmentwicklung unter Verwendung von absoluten Adressen.

absoluter Lader absolute loader
Der Absolutlader dient zur Übertra-

gung des Absolutprogramms in den Hauptspeicher. Das auf diese Weise geladene Programm – das die Absolutadressen enthält – kann nach einem erfolgreichen Transfer (Fehlertest durch den Absolutlader) direkt gestartet werden.

„Absturz" eines Systems system crash

Ausfall der Systemfunktionen aufgrund von Hardware- oder Softwarefehlern.

abtasten sampling

Periodische Abfrage von Eingabewerten.

abtasten, abfragen sense

a) Lesen von Informationen, die sich auf Speichermedien wie z. B. Bandkassette, Diskette oder Platte befinden.
b) Abfragen von bestimmten Kriterien wie z. B. Schalterstellung.

A-Bus A-bus

Primär-Bus (Bus = Leitungssystem) im Prozessor eines Computersystems, der Aufgaben im Rahmen der internen Datenkommunikation mit dem Rechenwerk erledigt.

Abzweigung branch

Stelle im Programm, an der nicht mehr der nächstfolgende Befehl ausgeführt wird, sondern die Fortsetzung des Programmablaufs an einer anderen Stelle im Programm erfolgt.

AC

Abk.: Accumulator.

ac, AC

Abk.: alternating current (Wechselspannung).

ACIA

Abk.: Asynchronous Communications Interface Adapter.

ACK

Abk.: Acknowledge (ASCII-Zeichen). Wird für Quittieren (Bestätigen) verwendet, z. B. beim Empfang von Zeichen in der Datenübertragung.

ACM

Abk.: Association for Computing Machinery. US-Verband.

ACT

Abk.: Accumulator, Temporary. 8080-Mikroprozessor-Akkumulator.

ACU

Abk.: Automatic Calling Unit.

ADA

Speziell für Echtzeitaufgaben konzipierte Programmiersprache. (1980 vom US-Department of Defense definiert.)

ADC

Abk.: Analog to Digital Converter. A/D-Wandler (s. Analog-/Digital-Umsetzer).

Addierer adder

Schaltung mit zwei oder mehreren Eingängen, deren Ausgang die Summe der anliegenden Signale liefert.

Add-in/Add-on-Speicher add in/add on memory

Hauptspeichererweiterungen, die mit bereits existierenden Computersystemen kompatibel sind und von unabhängigen Herstellern als Alternative zu den Originalspeichern angeboten werden.

Additionsbefehl add instruction
Instruktion, die eine Additionsoperation veranlaßt.

Adreßbus address bus
Speziell für die Übertragung von Adressen vorgesehene Datenleitung aus mehreren Kanälen, die zur Kommunikation zwischen verschiedenen Komponenten (Zentraleinheit/Ein- und Ausgabeeinheiten) eines Computersystems verwendet wird.

Adresse, adressieren address
Bezeichnet den Ort der im Computer gespeicherten Daten. Beim Datentransport unterscheidet man zwischen Ausgangs- und Zieladresse.

Adressenformat address format
Festgelegter Rahmen zur Angabe einer Adresse, z. B. $ (Adresse), x.

Adressenteil address part
Befehlsteil, in dem die Adresse der gewünschten Daten enthalten ist.

Adressierungsart addressing mode
Art der Ermittlung einer Adresse beim Lesen oder Schreiben von Daten im Speicher. Häufig verwendete Adressierungsarten sind direkte, relative, indizierte und indirekte Zugriffsmethode.

Adreßrechnung address arithmetic
Die Durchführung von Adreßrechnungen als Bestandteil eines Programms.

Adreßschalter address switch
Funktion zur Spezifizierung der erforderlichen Adresse. Bei mehreren Adreßbereichen ordnet der Adreßschalter den gewünschten Bereich zu.

Adreßumsetzung memory map
Bei virtuellen Speicherkonzepten die Umwandlung von virtuellen in physikalische Adressen.

Adreßzähler, Befehlszähler address counter
Register für die Aufnahme der Adresse, die den zur Ausführung anstehenden Befehl bezeichnet.

A/D-Wandler A/D-Converter
(s. Analog-/Digital-Umsetzer)

AIM-65
Computer auf einer Leiterplatte (Einplatinencomputer) von Rockwell. Das System ist auf dem 6502-Mikroprozessor aufgebaut.

Akku
Abk.: Akkumulator.

Akkumulatorregister register, accumulator
Für spezifische Aufgaben vorgesehenes Register im Rechenwerk einer Zentraleinheit, das Operanden sowie Ergebnisse von arithmetischen bzw. logischen Operationen enthält.

aktualisieren (auf den neuesten Stand bringen) update
Modifizierung von Datenbeständen und deren Anpassung an aktuelle Bedingungen.

Akustikkoppler acoustic coupler
Bei Terminalgerät Anschlußeinheit für Telefon-Sprechmuschel, um Daten-

kommunikation über längere Distanzen zu ermöglichen.

Algol Algol
Für technisch-wissenschaftliche Aufgabenstellungen entwickelte höhere Programmiersprache. Algol ist die Abkürzung für Algorithmic Language.

Algorithmus algorithm
Ein Satz genau festgelegter Regeln zur Lösung eines Problems, z. B. ein Programm.

allgemeine Bibliothek general library
Programmbibliothek, die allen Benutzern eines Computersystems zur Verfügung steht.

Allzweckrechner multipurpose computer
Universell einsetzbarer Rechner.

Alpha Plot (Apple II)
Grafikprogramm mit Möglichkeiten zur Darstellung von Farbgrafiken. Die Kommunikation mit dem Grafiksystem erfolgt dialogorientiert.

alphanumerisch alphanumeric
Zeichenmenge, die sich zusammensetzt aus alphabetischen und numerischen Zeichen sowie Sonderzeichen.

alphanumerischer Zeichensatz alphanumeric character set
Zeichenmenge aus Buchstaben und Zahlen.

alphanumerisches Dateneingabeterminal alphanumeric data entry terminal
Datenterminal mit schreibmaschinenähnlicher Tastatur für die Eingabe von alphanumerischen Informationen in ein Rechnersystem.

ALU
Abk.: Arithmetic Logic Unit (s. arithmetisch-logische Einheit).

Amerikanischer Standard-Code für Informationsaustausch American Standard Code for Information Interchange (ASCII)
Standardisierter Code zur Darstellung von Zeichen in Computersystemen. Ein Byte, das einschließlich Paritätsbit 8 Bit umfaßt, stellt ein bestimmtes Zeichen dar. Der mit ASCII codierbare Zeichenumfang beträgt 128 Zeichen. Dazu gehören neben Groß- und Kleinbuchstaben, Ziffern und Sonderzeichen auch spezielle Zeichen für das Formatieren von Text.

analog analog
Bezieht sich auf die Darstellung eines Wertes durch eine diesem Wert analoge physikalische Größe. Gegensatz: digital.

Analogaufzeichnung analog recording
Aufzeichnungsart, bei der eine Veränderung des Speichermediums erfolgt.

Analog-/Digital-Umsetzer, A/D-Wandler analog digital converter (ADC)
Schaltung, bei der das analoge Eingangssignal in eine digitale Darstellung umgewandelt wird.

Analysator analyzer
Gerät zur Untersuchung von Bauteilen oder Systemen, speziell für die Identifizierung von Zeit- und Logikproblemen.

Anforderungszeichen prompt character
Am Bildschirm dargestelltes Zeichen, das den Bediener zur Eingabe der Daten auffordert.

Anführungszeichen quotation mark
Bei der Anweisung PRINT „M" wird z. B. der Buchstabe M selbst ausgedruckt. Ohne Angabe von „" wird ausgedruckt, wofür der Buchstabe M steht (als Name).

anlaufen initiate
Starten eines Computersystems.

Anmerkung remark
In bestimmten Programmiersprachen kann der Benutzer mit der Anweisung „Remark" einen Kommentar in ein Programm einfügen, der vom Computer ignoriert wird und lediglich als zusätzliche Information gedacht ist.

Anschluß, Kanal port
Anschlußkanal für die Verbindung mit externen Einheiten, die z. B. über den Bus an den Mikroprozessor angeschlossen werden.

ANSI
Abkürzung für American National Institute. US-Behörde, zuständig für Normierung.

Ansprechzeit, Reaktionszeit response time
Die Zeitdauer bis zur Reaktion des Systems auf ein bestimmtes Ereignis, z. B. die Zeit vom Abschluß der Dateneingabe bis zu Beginn der Antwort des Computers auf diese Eingabe des Benutzers.

Antwort response
Reaktion des Systems auf eine Anweisung des Benutzers.

Antwortpuffer answer buffer
Zwischenspeicher zur vorübergehenden Aufnahme von Antworten des Systems.

Antwortzeit response time
Zeitintervall vom Ende der Eingabe eines Benutzers an das System bis zum Beginn der Ausgabe des Systems (z. B. am Bildschirm).

Antwortzeitverhalten response time characteristic
Wichtiges Kriterium bei der Auswahl von Systemen. Bezieht sich auf die Reaktionszeit eines Systems auf eine Eingabe (Anweisung) durch den Benutzer.

Anweisung statement
Vorschrift für einen einzelnen Programmschritt in einer Programmiersprache.

Anwendungsbereich application area
Einsatzgebiet für Computersysteme. Wichtige Anwendungsbereiche sind z. B. Fakturierung, Materialwirtschaft, Produktionssteuerung. Grundsätzlich unterscheidet man zwischen kaufmännischen und technisch-wissenschaftlichen Anwendungsbereichen.

Anwenderprogramm user program
Programme, die vom Benutzer oder im Auftrag des Benutzers eines Computers entwickelt werden, um eine bestimmte Aufgabe zu lösen.

Anwendungsprogramm application program
Zur Lösung von aufgabenspezifischen Problemstellungen entwickeltes Programm. Im Gegensatz dazu gibt es die für die interne Steuerung eines Computers vorgesehenen Systemprogramme.

Anwendungsprogrammierer application programmer
Programmierer, der Programmieraufgaben (Anwendungen) nach einer festen Vorgabe (Spezifikation) löst und austestet. Hierzu gehören kommerzielle Aufgaben wie z. B. Buchhaltungsprogramme oder Lohn- und Gehaltsprogramme. Auch technische Anwendungen wie z. B. Meßwerterfassung werden vom Anwendungsprogrammierer erledigt.

Anzeige display
Visuelle Ausgabe von Daten am Bildschirm eines Datensichtgerätes, Terminals, Computers etc.

Anzeigekapazität display capacity
Anzahl der am Bildschirm darstellbaren Zeichen und Zeilen (z. B. 1920 Zeichen auf 24 Zeilen).

Anzeigeregister display register
Register zur Aufnahme von Daten und deren Darstellung auf einem Sichtgerät.

APL APL (A Programming Language)
Höhere Programmiersprache für mathematische Aufgaben. APL ist die Abkürzung für „A Programming Language".

Apple Mechanic (Apple II)
Programmpaket zur Generierung von Grafiken.

Apple-Pilot
Softwaresystem für Apple-Computer.

Applesoft
Softwareprogramm für Apple-Computer.

Applikationsebene application layer
Normempfehlung der Internationalen Organisation für Standardisierung (ISO) zu Steuerprotokollen. Diese Norm regelt Dienstleistungen bezüglich der Benutzung von Kommunikationsnetzwerken, wie z. B. Identifizierung des Bedieners einer Datenstation im Netzwerk.

Arbeitsplatzcomputer desk computer
Kleiner Computer für den Einsatz direkt am Arbeitsplatz. Arbeitsplatzcomputer arbeiten z. B. als autonome Abteilungsrechner oder als Rechner innerhalb von dezentralen Datenkommunikations-Netzwerken.

Arbeitsregister working register
Für die Aufnahme von Zwischenergebnissen reservierter Speicherbereich mit schnellen Zugriffsmöglichkeiten.

Arbeitsspeicher main memory
(s. Hauptspeicher [syn])

Arbeitsvorbereiter operation scheduler
Seine Aufgabe ist es, die Datenverarbeitungsanlage möglichst gut auszulasten. Er plant z. B. das Abarbeiten großer Programme. Nach Möglichkeit werden diese während der Nacht verarbeitet oder zumindest außerhalb der Dialogbetriebszeiten.

Arbitration arbitration
Verfahren zur Lösung von Konflikten, die dadurch entstehen, daß beschränkt verfügbare Rechner-Ressourcen von mehreren Systemen gleichzeitig benutzt werden sollen, z. B. bei Zugriffen verschiedener Rechner-Komponenten auf den Arbeitsspeicher.

Architektur eines Mikroprozessors architecture
Allgemeiner Aufbau der wichtigsten Komponenten eines Systems. Hierzu gehören meist Adressierungsarten, Busstruktur und -typen sowie die verschiedenen Registerfunktionen.

Area area
Logischer Bereich einer Datenbank. In Areas sind die Daten der Datenbank zusammengefaßt. Sie können durch Namen angesprochen oder z. B. vom Programmierer definiert werden.

arithmetischer Ausdruck arithmetic expression
(s. Berechnungsausdruck)

arithmetischer Befehl arithmetic instruction
Instruktion zur Durchführung einer Rechenoperation (z. B. Multiplikation).

arithmetische Funktion arithmetic function
Funktion, die bestimmte Rechnungen durchführt, z. B. Aufrunden, Abrunden.

arithmetischer Prozessor arithmetic processor
Zusätzliche Recheneinheit zur Entlastung des Computers bei arithmetischen Aufgabenstellungen. Einsatzschwerpunkte sind iterative Operationen bei Rechenanwendungen mit großen Zahlenmengen (z. B. Matrizen).

arithmetischer Überlauf overflow, arithmetic
Bei arithmetischen Operationen kann das Ergebnis eine Stellenzahl aufweisen, die die Kapazität des Registers übersteigt, das für die Aufnahme des Operationsergebnisses vorgesehen ist. Dieser Überlauf wird durch das Überlauf- oder Zustandsregister angezeigt.

arithmetisch-logische Einheit arithmetic logical unit
Der für die Basisfunktionen, wie Shiftoperationen, Addition (binär), Boolesche Operationen etc. zuständige Teil eines Rechners.

ARQ
Abk.: Automatic ReQuest for repeat. In der Datenkommunikation Aufforderung (automatisch) zur Wiederholung der Informationsübertragung.

Array array
Bereich von Feldern, die gleiche Eigen-

schaften haben und durchnumeriert sind, z. B. A (1), A (2), A (3) ...

Arrayprozessor array processor
Die auch als Feldrechner bezeichneten Prozessoren erlauben die Verarbeitung großer Datenvolumen, wobei die Datenmengen parallel verarbeitet werden. Typische Anwendungsbereiche für Arrayprozessoren sind Nachrichtentechnik, Seismik, Mathematik, Sprachanalyse sowie Bereiche der Medizin und Nukleartechnik.

Array, String- array, string
Bereich, der nur für String-Variable oder String-Konstanten vorgesehen ist.

ASA
American Standard Association (US-Organisation für Normierung).

ASCII
(s. Amerikanischer Standard-Code für Informationsaustausch)

ASCII-Tastatur ASCII keyboard
Eingabetastatur, die den gesamten Zeichenumfang des ASCII-Zeichensatzes enthält.

Assemblersprache (Assembler)
assembler language
Maschinennahe Programmiersprache mit symbolischer Schreibweise für Befehle (z. B. LDA für Laden), wobei jeder Befehl formatmäßig genau dem zugehörigen Maschinenbefehl entspricht. In Assemblersprache geschriebene Programme sind schnell und benötigen wenig Speicherplatz; sie sind jedoch verhältnismäßig zeitaufwendig bei der Programmentwicklung (s. „niedrige" und höhere Programmiersprache).

assemblieren assemble
Vorgang der Umwandlung (Übersetzung) eines in Assemblersprache geschriebenen Programms in Maschinencode.

Assemblierer (Assembler)
assembler
Bezeichnung für das Übersetzungsprogramm, das die Umwandlung des Assemblersprachprogramms (in Assemblersprache geschrieben) in Maschinencode vornimmt. Das Wort Assembler wird auch häufig für die Programmiersprache selbst verwendet.

Assoziativspeicher associative memory
Speichertechnik. Die Speicherzellen werden nicht wie bei RAM/ROM-Speichern über Adressen, sondern über deren Inhalt angesteuert.

asynchron asynchronous
Zeitlich nicht aufeinander abgestimmt. Asynchrone Vorgänge laufen unabhängig voneinander ab.

asynchrone Arbeitsweise asynchronous operation
Bei asynchroner Operation erfolgt die Steuerung der Arbeitsgänge nicht durch unbewegliche Zeitvorgaben (Clock), sondern die einzelnen Operationen bestimmen die erforderliche Zeitdauer selbst.

Attribut attribute
In einer relationalen Datenbank die kleinste Informationseinheit. Sie entspricht den Feldern eines Datensatzes und wird mit Namen gekennzeichnet.

Die Feldinhalte werden als Attribut gekennzeichnet. Beispiel:
Attribut: Wohnsitz
Attributname: Ort
Attributwert: München

Aufbereitung, DEL editing, DEL
Befehl für Löschen, z. B. das Löschen einer Zeile aus einem Programm.

Aufbereitungs-Pfeiltasten editing arrow key
Tasten mit Pfeildarstellung auf der Eingabetastatur, die eine Bewegung des Cursors am Bildschirm erlauben und damit auch die Modifikation von Bildschirmdaten.

Aufbereitung/Programmänderung editing/program editing
Aktualisierung bzw. Verbesserung eines bestehenden Programms durch Veränderung einzelner Befehle oder ganzer Teile dieses Programms.

Aufbereitungsmodus editing mode
Zur Modifizierung der Informationen am Bildschirm kann der Benutzer den Computer in den Aufbereitungsmodus versetzen, z. B. durch Drücken einer bestimmten Taste.

Auffang-Flipflop, Signalspeicher latch
Zum Ausgleich der Datentransfergeschwindigkeit zwischen Prozessor und externen Einheiten konzipierter Speicherbaustein.

auffrischen refresh
Auffrischoperationen werden bei dynamischen Speicherkomponenten zum Ausgleich von Ladungsverlusten durchgeführt, damit die Information im Speicher erhalten bleibt.

Aufruf call
Für die Initialisierung von bestimmten Programmfunktionen vorgesehene Anweisung, wie sie z. B. beim Starten (Call) von Unterprogrammen (Subroutinen) verwendet wird.

Aufstiegskompatibilität growth compatibility
(s. aufwärtskompatibel)

aufwärtskompatibel upward compatible
Möglichkeit der Übernahme von Programmen kleinerer Rechner auf größere Rechner.

Aufteilung partitioning
Aufteilung eines Speichers in einzelne Bereiche.

Auftrag, Job job
Die für eine einheitliche Aufgabe vorgesehenen Befehle und Programme. Ein Auftrag enthält alle für den automatischen Ablauf erforderlichen Kompilier-, Speicher- und Ausgabebefehle.

Aufwärmzeit warm up
Zeitspanne vom Einschalten eines Geräts bis zur Realisierung der für den einwandfreien Betrieb erforderlichen Temperatur.

aufzeichnen log
Das Festhalten von wichtigen Funktionsabläufen, z. B. auf Papier (wird auch als Protokollieren bezeichnet).

Aufzeichnung mit doppelter Dichte double density recording
Vergrößerung der Aufnahmekapazität von Speichereinheiten durch die Verdoppelung der Aufzeichnungsdichte.

Ausdruck, arithmetisch expression, arithmetic
Rechter Teil einer mathematischen Gleichung. Z. B. bei A = 17 + (Summe − 4) ist 17 + (Summe − 4) ein Ausdruck.

Ausfallzeit, Stillstandszeit down time
Durch einen Systemfehler hervorgerufener Ausfall der Rechnerleistung. Die Störung kann sowohl im Bereich der Hardware wie auch im Bereich der Software liegen.

Ausführung, aufgeschobene postponed execution
Abspeichern von Befehlen zur späteren Ausführung.

Ausführung, sofortige immediate execution
Bearbeitung eines Befehls unmittelbar nach dessen Eingabe in den Computer.

Ausführungsreihenfolge in Ausdrücken execution sequence in expressions
Festlegung der Ausführung von Operationen in einem Ausdruck mit mehreren Operatoren.

Ausführungszeit execution time
Die Geschwindigkeit, mit der ein Befehl oder Programm im Computer abläuft.

Ausführungszyklus execution cycle
Bei der Verarbeitung eines Befehls die Phase, in der die tatsächliche Operation erfolgt. Die anderen Bestandteile der Befehlsverarbeitung sind Dekodier- und Holzyklus.

Ausgabe an eine offene Datei output to an open file
Daten (oder Programme) werden an eine vorher bereits geöffnete Datei ausgegeben; das bedeutet, die Datei ist darauf vorbereitet, etwas zu speichern.

Ausgabe, Ausgang output
Ausgabe von Computerdaten an ein externes Gerät, z. B. Disketteneinheit, Drucker, Bildschirmeinheit.

Ausgabe, auslesen readout
a) Übertragung von Informationen aus einem internen Speicher an Bildschirmgeräte oder andere Ausgabesysteme.
b) Datentransfer zwischen den Komponenten eines DV-Systems.

Ausgabebefehl output instruction
Befehl für die Ausgabe von Daten aus dem Computer an ein peripheres Ausgabegerät, wie z. B. Bildschirm oder Drucker.

Ausgabedaten, Ausgangsdaten output data
Für die Ausgabe über ein externes, mit dem Computer verbundenes Gerät vorgesehene Daten.

Ausgabeformat output format
Format, in dem Daten an eine Datei ausgegeben werden. Damit wird festge-

legt, wie viele und wie große Felder bei einer Ausgabe abgespeichert werden.

Ausgabegerät output device
Mit dem Computer verbundene Geräte zur Datenausgabe, wie z. B. Drucker, Bildschirmeinheit, Plotter.

Ausgaberegister output register
Register zur vorübergehenden Aufnahme von Daten für die anschließende Ausgabe an periphere Einheiten.

Ausgabestopp output stop
Abbruch einer Ausgabe am Bildschirm oder an anderen Geräten (BASIC-Programm, Programmauflistung etc.) etwa durch Betätigung einer bestimmten Taste der Eingabetastatur.

Ausgabewarteschlange (Datei) output queue (file)
Tabellenartiges Verzeichnis von Dateien, die auf die Ausgabe an einem externen Gerät (z. B. Drucker) warten.

Ausgabezeiger auf dem Bildschirm output pointer
Nicht sichtbares Zeichen auf dem Bildschirm an einer Stelle vor einem Feld, das verändert werden kann. Es bewirkt, daß der Cursor beim Drücken der Tabulatortaste eine Stelle nach dem Ausgabezeiger steht, also auf der ersten Stelle des Feldes.

Ausgabezeit output time
Zeitintervall vom Beginn der Datenausgabeoperation bis zur vollen Verfügbarkeit der Daten am Ausgang des Systems.

Ausgangsbuchse connector
Anschlußstelle, z. B. für den Anschluß eines Kassettenrecorders an den Computer mittels Kabel.

Ausgangswert (Standardwert) default value
Vordefinierter Wert, der verwendet wird, wenn nicht ausdrücklich ein anderer Wert angegeben ist. In einem Definitions-Kommando kann z. B. ein Parameter für die Datengröße angegeben werden. Wird (bei diesem Parameter) nichts angegeben, so wird automatisch der Ausgangswert eingesetzt.

Austesten debugging
Identifizierung und Beseitigung von Fehlern in Softwareprogrammen.

Austritt aus einer Programmschleife exit from a program loop
Bewirkt, daß keine weiteren Befehle der Programmschleife ausgeführt werden. Ein Austritt, d. h. ein Verlassen der Programmschleife wird durchgeführt, wenn die Endebedingung oder eine andere Bedingung erfüllt ist.

Ausweisleser identification card reader
Lesegerät zur direkten Informationseingabe in den Computer unter Umgehung der Eingabetastatur (z. B. eines Bildschirmterminals). Die Ausweise werden vom Ausweisleser mit Hilfe von Magnetspuren, Lochcodierungen etc. gelesen.

Auswertung von Ausdrücken evaluation of expressions
Errechnen des Werts eines Ausdrucks.

Vorher werden die Werte für die Variablen eingesetzt.

Autoindexing   auto indexing
Der Index wird automatisch erhöht und zugeordnet (s. Index).

Auto-Repeat   auto-repeat
Tastaturfunktion bei elektronischen Tastaturen, die so lange eine Wiederholung der gewählten Tastenfunktion bewirkt, bis die betreffende Taste vom Bediener nicht mehr gedrückt wird.

B

B
Im hexadezimalen Zahlensystem bezeichnet „B" die Dezimalzahl 11.

Backspace-Taste back space key
Taste zum Rücksetzen des Cursors, d. h., der Cursor wird am Bildschirm nach links bewegt. Oft auch als Taste mit Linkspfeil auf der Tastatur vorhanden.

Balkendiagramm bar diagram
Darstellungsart bei der Ausgabe von Grafiken an einem Plotter, Bildschirm etc. Zu den Anwendungsgebieten von Balkendiagrammen gehören Vergleichsübersichten, wo etwa unterschiedliche Volumen gegenübergestellt werden (z. B. Umsatzvergleich 1980/81). Die Balken können entsprechend der vorliegenden Situation vertikal oder horizontal angeordnet sein.

Band tape
Datenträger (im allgemeinen Magnetband) oder auch Lochstreifen.

Bandanfangsmarke (BOT) BOT (Begin Of Tape)
Reflektierende Folie auf einem Magnetband. Sie kennzeichnet den Beginn des für die Datenaufzeichnung vorgesehenen Bandbereichs.

Bandendemarke (EOT) EOT (End Of Tape)
Reflektierende Folie auf einem Magnetband. Sie kennzeichnet das Ende des für die Datenaufzeichnung vorgesehenen Bandbereichs.

Bandgeschwindigkeit tape speed
Die Transfergeschwindigkeit eines Magnetbandes relativ zum Schreib-Lese-Kopf.

Bandkassette tape cartridge
Speichermedium. Der Datenträger – das Magnetband – ist in einer Kassette untergebracht, die das Band gegen Umgebungseinflüsse schützt. Bandkassetten sind im Gegensatz zu Kassettenlaufwerken sequentielle Speichertypen. Sie lassen sich aufgrund der kompakten Ausführung einfach auswechseln und aufbewahren.

Bandversion eines Softwaresystems tape version of a software system
Ein Softwareprogramm, das dem Kunden vom Hersteller auf Magnetband gespeichert zur Verfügung gestellt wird. Zusätzlich kann z. B. eine Plattenversion des gleichen Programms angeboten werden.

Bandstartzeit magnetic tape start time
Bei einem Magnetband der Zeitintervall zwischen Anlegen des Startbefehls und dem Erreichen der konstanten Bandgeschwindigkeit.

Bank bank
Logischer Bereich eines Speichers (z. B. 64 k).

Bankauswahl bank select
Auswahlverfahren zur Selektierung einer bestimmten Bank aus mehreren Speicherbänken (RAM-Speicher).

BAL BAL (Business Application Language)
Höhere Programmiersprache, die vor allem für Aufgaben im kaufmännischen Bereich entwickelt wurde.

BASIC-80 (CP/M 2.2.)
Basic-Interpreter mit Funktionen für kaufmännische Aufgaben.

BASIC Basic (Beginners All purpose Symbolic Instruction Code)
Besonders für kaufmännische Anwendungen konzipierte Programmiersprache, die sich durch leichte Erlernbarkeit auszeichnet. Einsatzschwerpunkte von BASIC sind speziell Rechner der unteren Größenklassen. Zur Lösung von komplexeren Aufgabenstellungen ist BASIC weniger geeignet.

BASIC-Compiler (CP/M)
Compiler mit voller Kompatibilität zum BASIC-80-Interpreter.

Basis radix
Basis im Zahlensystem. Die Darstellung der Zahlen erfolgt als Summe der Vielfachen von Potenzen der Grundzahl.

Basisadresse base address
Die Basisadresse bildet zusammen mit der Distanzadresse die absolute Adresse (relative Adressierung). Zur Aufnahme der Basisadresse ist ein spezielles Register vorgesehen, das Basisregister.

Basisadreßregister base register
Register zur Aufnahme der Basisadresse.

Batch-Verarbeitung batch processing
(s. Stapelverarbeitung)

Baud (Bd) baud
In der Nachrichtentechnik Maßeinheit für die Schrittgeschwindigkeit bei der Datenübertragung. Die Baudzahl richtet sich u. a. nach dem verwendeten Übertragungsmedium.

Baudot-Code
Datenübertragungs-Code, wobei 5 Bit ein Zeichen darstellen. Bezieht sich im allgemeinen auf Fernschreibcode.

Baudraten-Generator baud rate generator
Für die Verbindung mit externen Geräten verwendeter Oszillator zur Datenkommunikation.

Bauelement, diskret component, discrete
Technik, bei der einzelne Schaltungsteile zu einer Gesamtschaltung zusammengelötet werden, wobei sich die verschiedenen Elemente rasch austauschen lassen. Heute werden Schaltungskomponenten monolithisch auf einer Siliziumscheibe (Wafer) realisiert.

Bausatz kit
System von Einzelkomponenten für den Aufbau einer kompletten, einsatzbereiten Computereinheit.

B-Bus
In einem Prozessor mit mehreren Bussen (Leitungskanälen) der zweite Eingabebus.

BCD-Darstellung binary coded decimal representation
(s. binär codiertes Dezimalsystem)

BCP
Abk.: Byte Control Protokoll. Steuerprotokoll für Datenkommunikation.

BDE
Abkürzung: Betriebsdatenerfassung (s. Betriebsdatenerfassung).

BDE-System
Anlage für die Betriebsdatenerfassung (s. Betriebsdatenerfassung).

BDOS (Basis-Platten-Betriebssystem) BDOS (Basic Disc Operating System)
BDOS gehört zu dem Betriebssystem CP/M. Aufgaben von BDOS sind Dateiorganisation, Datentransfer mit externen Massenspeichern, Zugriffskontrolle von Diskettendateien etc.

Bedienungshandbuch operating manual
Das Bedienungshandbuch enthält die für den Einsatz eines Computersystems erforderlichen Anleitungen und Informationen. Das Bedienungshandbuch ist im allg. im Lieferumfang eines Systems enthalten.

bedingter Sprung conditional jump
Programmsprung nach Erfüllung einer vorgegebenen Bedingung. Z. B. springe, wenn x=2.

Befehlsadresse instruction address
Die Adresse des im Arbeitsspeicher enthaltenen Befehls. Die Befehlsadresse befindet sich im Befehlsregister, wobei hier die Adresse des nächsten auszuführenden Befehls enthalten ist.

Befehlsaufbau instruction format
Die Reihenfolge und die einzelnen Segmente eines Befehls bestimmen den Befehlsaufbau.

Befehlscode operating code (op code)
Die im Operationsteil des Befehls enthaltene Angabe über die Art der durchzuführenden Operation.

Befehlsdiagramm instruction flow chart
Detaillierte Darstellung eines Programmablaufs.

Befehlskonstante instruction constant
(s. Literal)

Befehlslänge instruction length
Längenangabe des Befehls in Bit. (Z. B. 16-Bit-Befehl.).

Befehlsregister control register
Für die Abspeicherung des Operationsteils eines Befehls reserviertes Register. Die Bearbeitung (Ausführung) des Befehls erfolgt im Steuerwerk.

Befehlsregister instruction register
Register zur vorübergehenden Aufnahme eines bearbeiteten Befehls.

Befehlssatz instruction set
(siehe Befehlsvorrat)

Befehlsvorrat instruction set
Die Gesamtheit der bei einem Computersystem verfügbaren Befehle.

Befehlswort instruction word
Computerwort mit Befehlscode. Die Zentraleinheit kann das Befehlswort direkt übernehmen (laden) und auch unmittelbar bearbeiten.

Befehlszeit instruction time
Zeitdauer für die Untersuchung eines Befehls und die damit verbundene Vorbereitung für dessen Ausführung.

beidseitig beschreibbare Diskette double-sided diskette
Diskette, die das Abspeichern von Informationen auf beiden Seiten der Scheibe ermöglicht.

Bell (Glocke) bell
Tastenfunktion, die ein akustisches Signal einschaltet.

Benutzer user
Syn. mit Anwender. Firma, Behörde, Person etc., die einen Rechner benutzt.

Benutzerorganisation user organization
Benutzer von bestimmten Computerprodukten eines Herstellers schließen sich zu Benutzerorganisationen zusammen. Die Mitglieder dieser Organisation tauschen z. B. Erfahrungen mit Computersystemen und Softwareprodukten aus, betreiben gemeinsame Programmbibliotheken oder veranstalten Fachseminare.

Benutzervariable user variable
Bei Datenbanken die Möglichkeit, Datenbankaufzeichnungen, arithmetischen Ausdrücken oder Konstanten bestimmte individuelle Namen zuzuordnen.

Berechnungsausdruck arithmetic expression
Ausdruck zur Durchführung einer Rechenoperation, z. B. (12 − [2x6]).

Berechtigungsdatenbank authorization data base
Die Berechtigungsdatenbank enthält Datensätze, in denen festgelegt ist, wer Anwenderdaten abrufen bzw. nicht abrufen darf.

Bereitschaftssystem backup system
Bei einer Störung bzw. einem Ausfall von wichtigen Bauteilen eines Systems kann durch das Zuschalten von redundanten Funktionseinheiten der betriebliche Ablauf des Gesamtsystems aufrechterhalten werden.

Bereitschaftszeichen ready character, prompt
Der Computer informiert den Benutzer durch die Anzeige eines Bereitschaftszeichens am Bildschirm, daß er zur Entgegennahme z. B. einer Anweisung bereit ist und diese zur Ausführung bringt. Als Bereitschaftszeichen werden je nach Programm verschiedene Zeichen verwendet (z. B.: ?,*).

Bereit-Zustandswort ready status word
Dieses Zustandswort signalisiert die Bereitschaft eines Systems oder Geräts zur Fortsetzung der Operation.

Betriebsart mode
Bezeichnet verschiedene Operationsweisen eines Computersystems, wie z. B. Textmodus, Programm-Modus oder interaktiver Betrieb (Dialogbetrieb).

Betriebsbereitschaft standby
Das System befindet sich im Wartezustand und kann unverzüglich den erforderlichen Betrieb aufnehmen.

Betriebsdatenerfassung operational data collector
Manuelle und automatische Datenerfassung im Betriebsbereich (z. B. Fertigungsplanung und -steuerung). Hierzu gehören Zeitdaten, Materialdaten, Auftragsdaten, die direkt am Ort ihrer Entstehung erfaßt werden. Die Betriebsdatenerfassung ist oft Bestandteil eines integrierten Produktionssteuerungssystems.

Betriebssystem operating system
Satz von Systemprogrammen, die die Steuerung und Verwaltung der internen Rechnerfunktionen übernehmen. Diese Softwareprogramme werden vom Computerhersteller geliefert und sind Voraussetzung für den Einsatz des Systems. Zum Betriebssystem gehören u. a. Übersetzer (z. B. Compiler, Interpreter, Assembler) für Programmiersprachen, Organisationsprogramme (z. B. Ein- und Ausgabesteuerung), Dienstprogramme (z. B. Sortier-/Misch-Routinen) oder Testprogramme (Fehlersuche).

Betriebstemperatur operating temperature
Vom Hersteller vorgegebener Temperaturbereich für den störungsfreien Betrieb eines Systems oder Geräts.

Betriebszeit up time
Die Zeit, in der ein System produktive Arbeitsergebnisse liefern kann.

Bewegung des Cursors cursor movement
(s. Cursor, blinkender)

Bewertungsprogramm benchmark program
Speziell für das Testen von unterschiedlichen Computersystemen entwickeltes Programm. Das Programm enthält einen „Mix" von typischen Operationsschritten, der einen Vergleich der Leistungsfähigkeit verschiedener Systeme erlaubt.

Bibliothek library
In Bibliotheken sind z. B. einsatzfertige Anwendungsprogramme für die unterschiedlichsten Aufgabengebiete zusammengefaßt. Bei Unterprogramm-Bibliotheken können die darin enthaltenen Routinen in das Hauptprogramm eingebunden werden, wo sie spezielle Operationen übernehmen.

Bibliothek, allgemeine library, general
(s. allgemeine Bibliothek)

bidirektional bidirectional
In der Datenübertragung bezeichnet bidirektional die Übertragungsrichtungen, d. h., daß z. B. Signale auf einem Systembus in beiden Richtungen übertragbar sind.

bidirektionaler Bus bidirectional bus
Bussystem, das den Datentransfer in beiden Richtungen erlaubt. Mikrocomputer arbeiten im allgemeinen mit bidirektionalen Bussystemen.

bidirektionaler Drucker bidirectional printer
Drucker, der die Zeilen in beiden Richtungen druckt, d. h., die ungenutzte Zeit für den Wagenrücklauf entfällt.

Bildelement pixel
Kleinste am Bildschirm darstellbare Einheit eines Bildes (graphische Bildschirmausgabe).

Bildfenster screen window
Abgegrenzter Bildschirmbereich zur Darstellung von Informationen (z. B. Textfenster, Grafikfenster).

Bildmodusschalter screen mode switch
Per Programm steuerbare Einstellmöglichkeit der Bildschirmanzeige. Verschiedene Bildmodi sind z. B. Text und Grafik, Text oder Grafik.

Bildpuffer graphic buffer
Speicher zur Aufbewahrung von grafischen Bildern und Zeichnungen (speziell bei hochauflösender Grafik).

Bildschirmbetriebsarten screen modes
Verschiedene Darstellungsarten, in die der Benutzer den Bildschirm schalten kann. Darstellungsarten sind z. B. Text- oder Grafikmodus.

Bildschirmeinheit visual display unit
Mit dem Rechner verbundenes externes Gerät, das die Informationen vom Rechner übernimmt und diese am Bildschirm ausgibt. Mit Tastatur ausgestattete Bildschirmeinheiten können zusätzlich zur Eingabe von Daten benutzt werden, wie z. B. beim interaktiven Rechnerbetrieb (Dialogbetrieb).

Bildschirmformular-Generator screen generator
Programm zur Erzeugung von Bildschirmmasken. Damit lassen sich sogenannte Bildschirmformulare entsprechend den speziellen Aufgabenstellungen eines Benutzers generieren. Man unterscheidet dabei grundsätzlich zwischen konstanten und variablen Bereichen. Die konstanten Felder enthalten die vom System bereitgestellten Informationen, während in die variablen Felder die Daten vom Bediener eingetragen werden.

Bildschirmgerät display unit
Gerät zur Ausgabe der im Computer enthaltenen Daten und deren visuelle Darstellung. Die Bildschirmeinheit mit Eingabetastatur dient zur Kommunikation mit dem Rechner und bildet sozusagen das „Fenster" zum Computer (s. auch Bildschirmeinheit).

Bildschirmgestaltung display design
Wichtiges Merkmal für die Gestaltung des Bildschirms ist die Qualität der optischen Anzeige (Kontrast der Schriftzeichen, Bildschärfe, Gestaltung der Zeichen, Entspiegelung). Die Mindestanforderungen für Bildschirmdarstel-

lung sind in DIN-Norm und „Sicherheitsregeln für Bildschirmarbeitsplätze" definiert.

Bildschirmgrafik screen graphic
Ausgabe von Daten am Bildschirm eines Rechners in Form einer grafischen Darstellung. Heute werden für Mikrocomputer bereits Grafikprogramme mit farbigen Darstellungsmöglichkeiten am Markt angeboten. Es lassen sich z. B. Balken- und Kreisdiagramme am Bildschirm generieren.

Bildschirmgröße screen size
a) Bildschirmkapazität, die die Anzahl der am Bildschirm darstellbaren Zeichen angibt.
b) Diagonale Abmessung eines Bildschirms.

Bildschirminhalt screen content
Alle am Bildschirm dargestellten Informationen. Der Bildschirminhalt kann auch als Hardcopy über einen Drucker ausgegeben werden.

Bildschirmkonsole, Sichtgerät
display console
Steuerpult für die Kommunikation mit einem Computersystem. Für die Eingabe von Daten steht die Tastatur zur Verfügung. Die optische Darstellung von Bediener- und Systeminformationen erfolgt an der Bildschirmeinheit.

Bildschirm löschen screen clear
Entfernen von Bildschirminhalten. Das Löschen der am Bildschirm dargestellten Informationen kann mit Hilfe von Steuerkommandos über die Eingabetastatur des Rechners erfolgen. Dadurch können durch Cursorpositionierungen ganze Bildschirme oder auch Bildschirmsegmente gelöscht werden.

Bildschirmprogramm zum Zeichnen screen program for drawing
(s. Grafikdiagramm)

Bildschirmspeicherbereich graphic storage area
Im Computerspeicher für die Aufnahme von Bildschirminformationen vorgesehener Speicherbereich.

Bildschirmtext show cable
Etwa Ende 1983 bundesweit verfügbares Postmedium, das durch Eintippen einer bestimmten Nummer am Fernsehgerät die Möglichkeit des Abrufs vielfältiger Informationen bietet. Hierzu gehören z. B. Einsicht in den Kontostand, Sprachlektionen, Fahrplanübersicht, Korrespondenz.

Bildspeicher frame buffer
Schneller Speicher, der im allgemeinen aus RAM-Komponenten (Schreib-/Lesespeicher) aufgebaut ist und in Grafiksystemen die Bilddaten enthält.

Billig-Mikro low priced micro
Mikrocomputer in der Preisklasse bis ca. DM 800,–.

binär binary
Bezieht sich auf die binäre Darstellung von Informationen in DV-Anlagen. Zur Darstellung von Binärzahlen sind lediglich die Ziffern 0 und 1 erforderlich.

Binärcode binary code
Informationsdarstellung in eine für den Computer verarbeitbare Form. So las-

sen sich z. B. alphanumerische Informationen mit dem ASCII-Standard codieren.

binär codiertes Dezimalsystem
BCD (Binary Coded Decimal)
Normierter Code für die Darstellung von Dezimalziffern. Der Code wird wie folgt dargestellt:

Dezimalzahl	Binärzahl
0	0000
1	0001
2	0010
3	0011
4	0100
5	0101
6	0110
7	0111
8	1000
9	1001

Binär-Dezimal-Konvertierung binary to decimal conversion
Umwandlung von Binärzahlen in Dezimaldarstellung, z. B. bei Ausgabeoperationen am Terminal.

Binärzähler binary counter
Mit Flipflops aufgebaute Schaltung, die auf jedes zweite Eingangssignal ein Ausgangssignal generiert.

Binärzahl binary number
Zahl aus dem binär codierten Zahlensystem auf der Basis von zwei Ziffern.

Binärzahl mit Vorzeichen signed binary
Bei dieser Darstellungsart wird der binären Zahl (Ganzzahl) ein Bit hinzugefügt, das das Vorzeichen anzeigt.

Bindelader linking loader
Das für das Binden von separaten Programmsegmenten und dem anschließenden Laden befaßte Systemprogramm.

Binder linker
Systemprogramm zur Verbindung von einzelnen Programmsegmenten zu einem Programm, das direkt ausgeführt werden kann.

BIOS (Basic-Ein-/-Ausgabe-System) BIOS (Basic Input/Output System)
BIOS gehört zum CP/M-Betriebssystem und übernimmt Steuerungsaufgaben für externe Geräte.

bistabil bistable
Eigenschaft eines Systems oder Geräts. Es befindet sich permanent in einem von zwei Zuständen.

BISYNC (binäre synchrone Kommunikation) BISYNC (Binary Synchronous Communication)
Datenübertragungsprotokoll für serielle Datenübertragung. Das Protokoll definiert die Verfahren zur Übertragung von Steuerzeichen und Daten.

Bit, Binärzeichen binary digit (bit)
Kleinste Darstellungseinheit im Binärsystem. Im Dualzahlensystem z. B. ist die Darstellung einer Binärziffer üblicherweise 0 oder 1. Wie mit den Buchstaben A bis Z Text dargestellt werden kann, so lassen sich mit 0 und 1 verschiedene Informationen darstellen.

Bitdichte, Speicherdichte bit density
Die auf eine bestimmte Flächeneinheit bezogene Anzahl von Bits eines Speichers.

Bitfrequenz, Bitgeschwindigkeit bit rate
Geschwindigkeitsangabe bei Datenübertragungen in Bit pro Zeiteinheit.

Bitgeschwindigkeit bit rate
Übertragungsgeschwindigkeit in Bit pro Zeiteinheit.

Bit mit dem niedrigsten Stellenwert least significant bit (LSB)
In einer Zahl dasjenige Bit, das den niedrigsten Stellenwert aufweist. Bei „0001" ist z. B. „1" das Bit mit dem niedrigsten Stellenwert.

bitparallel bit-parallel
In der Datenkommunikation die simultane Übertragung der Stellen einer Binärzahl über separate Leitungen.

Bitrate bit rate
Geschwindigkeit, mit der Bits pro Zeiteinheit übertragen werden (z. B. Bit pro Sekunde).

Bitslice, Mikroprozessor bit slice, microprocessor
Bausteine zum Konzipieren von Mikroprozessoren, die damit auf eine bestimmte Anwendung zugeschnitten werden. Durch Zusammenfügen der einzelnen Bausteine können die für die gewünschte Aufgabe erforderlichen Wortgrößen aufgebaut werden.

Bitslice-Prozessor bit slice processor
Prozessoren, die aus sogenannten Bit-Slices (Bit-Elementen) konzipiert sind. Mit diesen Elementen, die die wichtigsten Funktionen einer Zentraleinheit umfassen, lassen sich Prozessoren mit aufgabenspezifischen Wortlängen realisieren.

Bits pro Inch bpi (bits per inch)
Bezeichnet die Aufzeichnungsdichte bei Magnetbändern, d. h. die Anzahl der speicherbaren Bits pro Längeneinheit. Im allgemeinen haben Magnetbänder eine Aufzeichnungsdichte von 800 bis 1600 bpi.

Bits pro Sekunde bps (bits per second)
Geschwindigkeit für Datenübertragung.

Black-Box-Konzept black box concept
Bei einer „Black-Box"-Betrachtung ist der interne Funktionsaufbau für den Bediener eines Systems ohne Bedeutung. Für viele Terminalbediener in den Fachabteilungen z. B. ist der interne Aufbau des Computers irrelevant; es sind lediglich die mit den Ein- und Ausgaben verbundenen Operationen von Interesse.

Blank-Label-Produkt blank label product
Kein Markenprodukt.

blinkendes Rechteck blinking rectangle
(s. Cursor, blinkender)

Blinker, Cursor, Leuchtmarke cursor
Am Bildschirm aufleuchtende Marke zur Kennzeichnung der gerade aktuellen Dateneingabestelle. Sie gibt dem Bediener genau die jeweilige Schreibposition an (s. auch Cursor, blinkender).

Blinkfunktion blinking option
In der grafischen Datenverarbeitung die Möglichkeit, ausgewählte Bildsegmente, Bildpunkte, Zeichen oder Textelemente blinkend am Bildschirm darzustellen.

Block block
Auf einem externen Speicher befindliche physikalische Dateneinheit, die im allgemeinen mit einem Befehl übertragen wird. Ein Block ist wiederum in logische Sätze unterteilt.

Blockdiagramm block diagram
Zusammenfassung selektierter Funktionselemente eines Geräts, Systems oder Programms und deren Darstellung in Form von beschrifteten Grafiksymbolen, die miteinander durch Linien verbunden sind.

Block, Disketten- block, diskette
(s. Block)

Blockende EOB (End of Block)
Zeichen, das das Ende eines Blocks markiert.

Blockgrafik block graphic
Grafische Darstellungsart, die den Bildschirm in einen Raster aus einzelnen Blöcken aufteilt, verschiedene Farben darstellt oder − bei Schwarzweißmonitoren − Grautöne erzeugt.

Blocklänge block length
Anzahl der Zeichen in einem Block.

Blockprüfzeichen block check character (BCC)
Abschließendes Zeichen eines Datenblocks. Ermöglicht Paritätskontrolle.

Blocksatz justification
Die rechts- bzw. linksbündige Anordnung von Textelementen.

Blockschaltbild block diagram
Vereinfachte Darstellung von Schaltdiagrammen (Hardware).

Bootstrap-Programm bootstrap program
Programm, das unmittelbar nach dem Einschalten eines Computersystems ausgeführt wird. Es lädt ein komplexes Programmsystem in den Rechnerspeicher, das im allgemeinen auch gestartet wird (s. Urlader).

BOP
Abk.: Bit-Oriented Protocol. Auf Bit-Basis arbeitendes Steuerprotokoll in der Datenkommunikation.

BPI
Abk.: Bits Per Inch. Einheit der Speicherdichte bei externen Speichersystemen wie Disketten- oder Magnetbandgeräten.

Briefqualität letter quality
Wird im Zusammenhang mit Druckern verwendet, die Ausdrucke mit sehr gutem Schriftbild liefern und für hochwertige Korrespondenzaufgaben geeignet sind.

BS
Abk.: Betriebssystem.

BTAM
Abk.: Basic Telecommunications Access Method (IBM). Programmpaket im Rahmen der Datenkommunikation.

Btx
Abkürzung für Bildschirmtext (s. Bildschirmtext).

Buchse   connector
Steckanschluß zur Verbindung mit einem Gerät, z. B. Rechner mit Kassettenrecorder.

Bürocomputer   business computer
Für kaufmännische Aufgaben (Buchhaltung, Fakturierung etc.) konzipiertes Computersystem. (Im allgemeinen Personal-, Mikrocomputer oder Systeme der mittleren Datentechnik.)

Buserweiterung   bus extender
Ermöglicht den Anschluß von weiteren Platinen (Steckkarten) an einen Computerbus.

Bussystem   bus system
Adreß-, Daten- oder Steuersammelschiene für die Datenkommunikation zwischen verschiedenen Rechnerteilen.

Byte   byte
Kleinste Informationseinheit, bestehend aus 8 Bit, mit der Computersysteme im allgemeinen arbeiten.

C

C
Hexadezimales Symbol für die dezimale Zahl 12. Auch Abkürzung für carrybit (Übertragungs-Bit).

Cache-Speicher cache memory
Mit dem Arbeitsspeicher verbundener kleiner Pufferspeicher zur Reduzierung der Zugriffszeiten.

CAD
Abk.: Computer-Aided Design (s. rechnergestütztes Entwickeln und Konstruieren).

CAI
Abk.: Computer-Assisted Instruction (s. computerunterstütztes Lernen).

CALL
Aufruf eines Unterprogramms. Der Name des Unterprogramms steht hinter CALL; danach können noch Übergabebereiche (Parameter) stehen. Die Programmkontrolle geht bei einem CALL-Befehl auf das Unterprogramm über.

CAM
Abk.: Computer Aided Manufacturing (s. rechnergestützte Arbeitsplanung).

CAM
Abk.: Content Addressable Memory. Assoziativspeicher-Technik.

CAMAC
Abk.: Computer Automated Measurement And Control.

CAS
Abk.: Column Address Strobe. Adressierungssignal im Bereich dynamischer Speichertechnologie.

CATV
Abk.: CAble TeleVision. Kabelfernsehen.

CB-80 (CP/M 2.2.)
Übersetzungsprogramm (Compiler) für die Programmiersprache CBASIC. Programmeigenschaften sind z. B. symbolische Bezeichnungen, modul-orientierte Übersetzung.

CBASIC (CP/M)
Compiler/Interpreter-Programm für kaufmännische Aufgaben. P-Code-Generierung durch Compiler mit anschließender Verarbeitung des Interpreters.

CCD
Abk.: Charge-Coupled Device. Speichertechnologie auf MOS-Basis.

CCIT
Gremium zur Festlegung von internationalen Normen im Bereich Telegraphie und Fernsprechnetz.

C-Compiler (CP/M)
2-Lauf-Compiler mit U-Code-Erzeugung und anschließender Maschinencodeumwandlung.

CCP (Console Command Processor)
Für die Kommunikation mit dem Benutzer über Ein-/Ausgabe-Geräte verantwortlicher Teil des CP/M-Betriebssystems.

CeBIT
Ausstellungsbereich auf der Hannover-Messe für die Datenverarbeitungsindustrie.

CERDIP
Abk.: CERamic Dual-In-line Package. Gehäuse aus Keramik mit zwei Reihen von parallelen Anschlüssen (pins).

Chip chip
Aus der Scheibe (Wafer) eines Siliziumstabs hergestelltes Siliziumplättchen. Oft wird auch der gesamte Baustein (mit Gehäuse) als Chip bezeichnet.

CLK
Abk.: CLOCK (s. Taktgenerator).

Clock
(s. Taktgenerator)

Closed-Loop-Servo closed loop servo
Verfahren bei Plattenspeichern. Mit Closed-Loop-Servo ausgerüstete Plattenspeicher bieten höhere Speichervolumen und schnelleren Datenzugriff.

CML
Abk.: Current Mode Logic.

CMR
Abk.: Common Mode Rejection.

COBOL Common Business Oriented Language
Populäre höhere Programmiersprache für kaufmännische Aufgaben.

Codasyl
Abk.: Committee of Data System Languages. Gesellschaft, die Normenvorschläge für Datenbanksysteme unterbreitet.

Codec
Baustein (Chip), der Aufgaben im Rahmen der Analog-/Digital-Umwandlung durchführt.

Codeleser code reader, code scanner
Lesegerät zur direkten Eingabe in den Computer unter Umgehung der Tastatur (z. B. einer Bildschirmeinheit). Zu Codelesern zählen Karten- und Lochstreifenleser sowie Ausweis- und Strichcodeleser.

COMAL COMAL (COMmon ALgorithmic Language)
Auf der Grundlage von BASIC entwickelte höhere Programmiersprache mit der Möglichkeit zur strukturierten Programmierung.

Compiler compiler
(s. Kompilierer)

Compilersprachen compiler-level languages
Anderer Ausdruck für höhere Programmiersprache. Für die Umwandlung dieser Programmiersprachen in Maschinencode sind sogenannte Compiler oder Interpreter erforderlich.

Computercode computer code
Die im Computer eingegebenen Informationen werden im sogenannten Computercode gespeichert. Standardcode sind z. B. EBCDIC- oder ASCII-Code.

Computerlauf computer run
Ausführung eines Softwareprogramms, das bereits in den Objectcode des Rechners übersetzt wurde.

Computerlayout computer layout
Mit Unterstützung eines Computers erstellter Leiterplattenentwurf (CAD).

computerunterstützter Entwurf computer aided design (CAD)
(s. rechnergestütztes Entwickeln und Konstruieren [Computer Aided Design])

computerunterstütztes Lernen computer aided learning
Einsatz von Computersystemen im Schul- und Ausbildungswesen zur Unterstützung der Wissensvermittlung.

Computerwort computer word
Die von einer Rechenanlage gleichzeitig zu verarbeitende Anzahl von Bits sind in einem sogenannten Wort zusammengefaßt. Rechner arbeiten entsprechend ihrer Größenauslegung mit unterschiedlichen Wortlängen, die von 4 bis 64 Bit reichen.

Concatenation concatenation
Bildung einer längeren Zeichengruppe durch Verbindung von zwei Zeichengruppen.

CONDOR 1 (CP/M)
Datenbanksystem (Untermenge des Datenbanksystems Condor).

CP/M CP/M (Control Program for Microcomputer)
Betriebssystem mit den Programm-Modulen CCP, BIOS, BDOS. Dieses Betriebssystem von Digital Research bietet dem Benutzer die Möglichkeit der Programmierung in BASIC, PASCAL, FORTRAN, ALGOL, COBOL, PL1.

CP/M-86
16-Bit-Version des CP/M-Betriebssystems für Mikrocomputer auf der Grundlage von Intel 8086/8088. Mit CP/M besteht Datei-Kompatibilität.

CP/NET
Programmsystem für den Aufbau von Netzwerken (Koppelung mehrerer Mikrocomputer).

CPU Central Processing Unit
(s. Zentraleinheit)

CPU-Architektur CPU architecture
Hardware- und softwaremäßiges Systemkonzept (Aufbau) der Zentraleinheit eines Rechners.

CPU-Karte CPU card
Leiterplatte, auf der sich die Zentraleinheit eines Computers befindet.

CR
Abk.: Carriage Return (s. Wagenrücklauf).

CRC
Abk.: Cyclic Redundancy Check (s. zyklische Redundanzprüfung).

CROM
Abk.: Control Read Only Memory.

CROMIX
Für 8-Bit-Prozessoren auf der Grundlage von UNIX-Funktionen konzipiertes Betriebssystem.

Cross-Assembler cross assembler
Assemblierprogramm zur Umsetzung von symbolischen Maschinenbefehlen in Maschinensprache. Der Cross-Assembler generiert auf einen bestimmten Rechner Maschinencode, der für einen anderen, z. B. kleineren, Rechner vorgesehen ist.

CRT
Abk.: Cathode Ray Tube. Im Zusammenhang mit Computersystemen die Bezeichnung für Bildschirmeinheit.

CTRL
Abkürzung für Control, z. B. Tastenbefehl für die Eingabe von Steueranweisungen an der Tastatur.

Cursor, blinkender cursor blinking
Blinkende Lichtmarke, die am Bildschirm die augenblickliche Eingabeposition für Informationen markiert, die der Bediener dem Rechner übergibt. Für die Positionierung des Cursors sind Steuertasten auf der Eingabetastatur vorgesehen, die den blinkenden Cursor in die gewünschte Richtung am Bildschirm steuern – im allgemeinen Steuertasten für horizontale und vertikale Steuerung.

D

D
Im Hexadezimalsystem die Dezimalziffer 13.

DAC
Abk.: Digital to Analog Converter (s. Digital-/Analog-Umsetzer).

Daisy-Chain-Anordnung
(s. Verkettung)

Data-Base-Handler (DBH) data base handler
Programmsystem, das die Datenkommunikation zwischen Datenbank und Anwendungsprogramm kontrolliert. Aufgaben des DBH sind z. B. Bereitstellung von Speicherbereichen und Steuerung von Datenzugriffen.

DataStar (CP/M)
Programmsystem für Eingabe, Suche, Speichern und Ausgabe von Daten.

Datebook
Programm für Terminplanung.

Datei data file
Einheit von logisch zusammengehörigen Daten, die, abgespeichert auf einem Speichermedium, in einer spezifischen Reihenfolge vom Rechner bearbeitet werden. Dateien sind wiederum in kleinere Einheiten unterteilt, wie z. B. Sätze (Records). Sie unterscheiden sich auch durch die Art des Datenzugriffs, wie sequentiell, index-sequentiell, wahlfrei etc.

Dateischutz file protection
Verfahren, das unerlaubte Zugriffe und damit verbundene Manipulationsmöglichkeiten (Löschen, Modifizieren) verhindern soll.

Dateiverwaltung file management
Im Rahmen der Erstellung und Organisation von Dateien anfallende Arbeiten, die im allgemeinen von Programmen erledigt werden.

Dateiverzeichnis directory
Verzeichnis der z. B. auf Diskette gespeicherten Dateien.

Daten data
Allgemeine Bezeichnung für Zahlen, Buchstaben, Symbole etc. – praktisch alles, was in einer für den Rechner verständlichen Weise darstellbar ist.

Datenabfragesprache data query language
(s. Abfragesprache)

Datenaufzeichnung data recording
Speicherung von Informationen auf Datenträgern wie Diskette, Magnetband etc.

Datenausgabe data output
Die Ausgabe der im Computer enthaltenen Daten über Bildschirmeinheiten, Drucker, Anschlußeinheiten etc., um sie dem Benutzer oder anderen Systemen zur Verfügung zu stellen.

Datenbank data base
System zur Aufnahme von Daten eines sachlich zusammengehörigen Bereichs

auf externen Speichern, wie z. B. Disketten. Die Daten lassen sich mit Datenbanksystemen problemlos auf dem neuesten Stand halten und vom Benutzer nach vorgegebenen Kriterien abfragen oder von Programmen verarbeiten.

Datenbankattribut data base attribute
(s. Attribut)

Datenbankschema data base schema
In der Datenbank bezeichnet das Schema die Festlegung der gesamten logischen Struktur der Daten für einen bestimmten Anwendungsbereich.

Datenbanksystem data base system
Datenbanksysteme umfassen die Datenbank selbst sowie alle dazugehörigen Programme für Dateiverwaltung und Datenabruf.

Datenbanktransaktion data base transaction
Folge von Datenbankaktionen, die die Datenbank von einem logisch korrekten Zustand in einen weiteren konsistenten Zustand überführt.

Datenbank, Transferoptimierung data base transfer optimizing
Automatische Reduzierung von Ein- und Ausgabeoperationen auf ein Minimum durch systeminterne Funktionen (z. B. durch Paging).

Datenbankverwalter data base administrator
Der Datenbankverwalter übernimmt wichtige Aufgaben im Rahmen eines Datenbankbetriebs. Hierzu gehören Datensicherung, Installierung des Systems, Steuerung des DB-Betriebs etc.

Datenbankzugriff, simultaner data base access, simultaneous
Gleichzeitiger Zugriff auf eine Datenbank durch verschiedene Programme des Anwenders, wobei Kontrolle und Koordination dieser Zugriffe automatisch vom System gesteuert werden.

Datenbearbeitungssprache data manipulation language DML
Sprache mit einfach zu benutzenden Anweisungen für das Abrufen, Speichern, Modifizieren und Löschen von Datensätzen. Es werden dabei auch Erweiterungen von Programmiersprachen wie z. B. COBOL verwendet.

Datenblock data block
Auf einem Massenspeicher definierte Menge von Daten, die eine Einheit bildet (s. Block).

Datenbus data bus
Übertragungssystem mit verschiedenen Leitungen zum Datentransfer zwischen einzelnen Rechner-Komponenten, wie Speicher, Ein-/Ausgabe-Einheiten und Prozessor. Im allgemeinen können dabei die Daten in beiden Richtungen übertragen werden. Die Leitungsanzahl richtet sich nach der Wortgröße des Prozessors (Bit-Menge).

Datendefinition data definition
Bei der Erstellung von Datenbanken verwendete Beschreibung der Daten-

bankstruktur, die in den Computer eingegeben wird.

Datendefinitionssprache data definition language
Teil eines Datenbank-Managementsystems (DBMS). Dient zur Festlegung und Generierung der logischen Struktur einer Datenbank.

Datendurchsatz data throughput
Bezieht sich auf die innerhalb einer bestimmten Zeiteinheit verarbeiteten Daten.

Dateneingabe data input
(s. Eingabe)

Dateneingabebus data input bus (DIB)
Leitungssystem zum unidirektionalen (in eine Richtung) Datentransfer von Eingabe-Komponenten zur Zentraleinheit.

Dateneingabeterminal, Mikroprozessor data entry terminal, microprocessor
Mit spezieller Eingabetastatur ausgestattetes Terminal, das speziell für den Einsatz mit Mikroprozessorsystemen entwickelt wurde.

Datenelement data item
Bei Datenbanksystemen kleinste benannte Dateneinheit eines Satzes (auch Datenfeld genannt).

Datenfeld data field
Bei Datenbanksystemen kleinste benannte Dateneinheit eines Satzes (auch Datenelement genannt).

Datenflußplan data flow chart
Darstellung des Datenflusses unter Einbeziehung der am Programmablauf beteiligten Geräte (Speicher) einschließlich der auszuführenden Operationen (wie z. B. Mischen, Drucken) mit genormten grafischen Symbolen.

Datenformat data format
Festlegung der Darstellung von Daten für die Verarbeitung in einem Computersystem. Datenformate sind z. B. Halbwort, Ganzwort, Festkomma- oder Gleitkommaverarbeitung.

Datengruppe data group
Bei Datenbanksystemen benannte Folge ein oder mehrerer Datenfelder oder Datenaggregate.

Datenitem data item
Kleinste Einheit einer Datenbankstruktur. Mit eindeutigem Namen versehen nimmt ein Datenitem verschiedene Daten auf.

Datenkommunikation data communication
Datenaustausch, an dem Computer, Arbeitsstationen, Steuereinheiten etc. beteiligt sind. Die Datenübertragung kann zwischen Computern und Datenstationen stattfinden. Computer bzw. Gerät können jedoch auch Daten untereinander austauschen. Man unterscheidet grundsätzlich zwischen lokalen und überregionalen Kommunikationsnetzen. Die Hersteller bieten in Abhängigkeit von den betrieblichen Anforderungen individuelle Systemlösungen an.

Datenkompression data compression
Durch Datenverdichtung wird ein hohes Maß an Speicherwirtschaftlichkeit erreicht. Hinzu kommt eine Reduzierung der Übertragungszeiten. Diese Vorteile lassen sich durch Entfernung redundanter Daten oder durch eine optimierte Darstellung der Daten erzielen.

Datenleitung data line
Übertragungskanal für Daten. Bei einem Bussystem kann es z. B. getrennte Übertragungswege für Daten und Steuerinformationen geben.

Datenparameter data parameter
Datenparameter sind bei einem (Unter-)Programmaufruf die übergebenen Werte. Es gibt Schlüsselwert- und Stellungsparameter. Beispiel: CALL, DRUCKE, DATEI Y 80 ZEIL (65)
DRUCKE = Programmname
DATEI Y = Stellungsparameter – hier in Position 1 (nach DRUCKE) Dateiname des zu druckenden Programms
80 = Stellungsparameter
65 = Schlüsselwertparameter, Schlüsselwert ist ZEIL (Bedeutung: 65 Zeilen pro Seite)

Datenpuffer data buffer
Kleiner Speicher für die vorübergehende Aufnahme von Daten. Z. B. Ein-/Ausgabepuffer für den Ausgleich der unterschiedlichen Arbeitsgeschwindigkeiten von Zentraleinheit und externen Geräten.

Datenquelle data source
Sender bei der Übertragung von Daten. Entsprechung: Empfänger.

Datenrate data rate
Geschwindigkeitsangabe bei der Übertragung von Daten (z. B. Bit pro Sekunde).

Datensatz data record
Miteinander logisch verbundene Daten. Ein Datensatz besteht aus einem oder mehreren Datenitems. Zur Kennzeichnung wird ein eindeutiger Name verwendet.

Datenschutz data protection
1. Maßnahmen zum Schutz von Daten gegen Beschädigungen oder Zerstörung. Z. B. feuerfeste Behälter für die Aufbewahrung von Datenträgern wie Disketten, Magnetband etc.
2. Maßnahmen zum Schutz vor unerlaubtem Zugriff auf Datenbestände.

Datenset data set
Bei einer Datei Gruppe von logisch zusammengehörigen Satztypen.

Datensicherung data security
Maßnahmen zur Verhinderung von Datenverlusten, wie sie z. B. durch Fehler im Bereich der Hardware (Zerstörung von Disketten, Magnetband) oder Software (Datenbestände) auftreten können. Hierzu gehören z. B. Erstellung von Datenbankkopien oder Rekonstruktion von inkonsistenten Datenbanken.

Datenstation data station
Allgemeine Bezeichnung für Geräte, die dem Benutzer zur Kommunikation mit dem System dienen (z. B. Bildschirmeinheit mit Eingabetastatur).

Datenstation für Fernübertragung data communication station
Für die Datenfernübertragung vorgesehene Ein-/Ausgabe-Einheiten. Die im allgemeinen mit Bildschirm und Tastatur ausgestatteten Terminals arbeiten häufig in Distributed-Data-Processing-Systemen DDP. Bei Ausrüstung mit eigener „Intelligenz", d. h. mit integriertem Mikroprozessor, übernehmen diese Terminals auch autonome Verarbeitungsaufgaben zur Entlastung des zentralen Rechners.

Datenstring data string
Daten, die in Stringform dargestellt sind, also in einer Zeichenkette (z. B. Adresse: „WEG 17", „1234 DORF").

Datentableau data tablet
Gerät mit Eingabefläche, das in Verbindung mit einem speziellen Zeichenstift die Eingabe von Informationen in den Computer und deren Darstellung am Bildschirm ermöglicht.

Datenträger data medium
Speichersystem für Datenaufzeichnung. Hierzu gehören Disketten, Magnetband, Lochkarten, Magnetplatten (Festplatten) etc.

Datentyp, strukturierter data type, structured
Ein strukturierter Datentyp bei der Programmiersprache Pascal ist z. B. Feld-/Bereichstyp (Array). Mit Feld- oder Bereichstypen lassen sich Komponenten des gleichen Typs zu einem Gesamtbereich zusammenfassen.

Datentypist punch operator
Der Datentypist gibt vorbereitete Daten (Zahlen oder Texte) über ein Terminal in den Computer ein. Häufig wird die Eingabe mit Hilfe von Bildschirmmasken (Eingabeformulare) erleichtert.

Datenübertragung, Datentransfer data transfer
Datentransport innerhalb eines Systems oder zwischen geographisch entfernt installierten Systemen. Innerhalb eines Systems wird zur Übertragung von Daten zwischen den verschiedenen Systemkomponenten z. B. der Datenbus (internes Leitungssystem) verwendet, während für den Datentransfer über längere Distanzen Fernsprech-, Telex-, Standleitungen etc. eingesetzt werden.

Datenverarbeitung data processing
Die Datenverarbeitung bezeichnet alle Arten der Verarbeitung von digitalen und analogen Daten. Es können dabei unterschiedliche Darstellungsarten gewählt werden (z. B. alphanumerisch). Neben der automatisierten Verarbeitung von Daten gibt es Verarbeitungsmöglichkeiten, die manuell oder mit mechanischen/elektrischen Einrichtungen durchgeführt werden.

Datenverarbeitung, entfernte teleprocessing
Übermittlung von Daten über Erfassungsstationen via Datenkommunikationswege und deren Verarbeitung in entfernt liegenden Computersystemen.

Datenverbindungsebene data link layer
Normempfehlung der Internationalen

Organisation für Standardisierung (ISO) zu Steuerprotokollen. Aufgabe dieser Ebene ist die Verschlüsselung der Datenpakete, die über die Übertragungswege geschickt werden. Hinzu kommen Aufgaben im Rahmen der Fehleridentifikation und Fehlerbeseitigung.

Datenverbund data distribution
Innerhalb eines Netzwerks die Möglichkeit einer Verteilung von Datenbeständen auf verschiedene Arbeitsstationen.

Datenverschiebung, Mikroprozessor data movement, microprocessor
Transfer von Daten zwischen verschiedenen Speicherplätzen in einem Computersystem. Zu diesem Zweck sind verschiedene Systeme mit speziellen Befehlen zum Verschieben von Daten ausgerüstet.

Datenweg data path
Übertragungsleitungen in einem Computersystem zum Transfer von Daten zwischen den einzelnen Rechner-Komponenten, wie z. B. Register und Recheneinheiten. Die Übertragungskapazität richtet sich nach der jeweiligen Größenauslegung des Prozessors.

Datenwort data word
Datum mit der Länge eines Maschinenwortes.

DATEV
Genossenschaftliches Rechenzentrum der steuerberatenden Berufe.

DATEX-P
Datenübermittlungssystem der Deutschen Bundespost. Das digitale Netz arbeitet auf „Paket"-Basis. Das bedeutet: Jedes Paket aus 128 Zeichen besitzt eine eigene Adresse, die zum Empfänger führt. Die Übermittlungswege sind per Wahlvorgang herstellbar oder können auf permanenter Basis bereitgestellt werden. DATEX-P bietet Übertragungsgeschwindigkeiten zwischen 110 und 48 000 Bit/s und ist damit praktisch für alle Arten von Endgeräten geeignet.

DB DB
Abk.: Datenbank (Database).

dBase II (CP/M)
Dateiverwaltungssystem zum Aufsuchen und Abrufen von Daten nach unterschiedlichen Kriterien.

DBMS
Abk.: Data Base Management System. Programmsystem für die Organisation und Verwaltung von Datenbanken. Das System bietet einen hohen Komfort bei der systematischen Speicherung von Daten und deren Abruf am Terminal.

D-Bus
Bus einer Zentraleinheit zwischen ALU und Registern.

DC
Abk.: Data Communication (Datenfernübertragung).

dc, DC
Abk.: direct current. Gleichstrom.

DDL
Abk.: Data Definition Language (s. Datendefinitionssprache).

Decodierung decoding
Vorgang der Entschlüsselung z. B. von Befehlen.

dediziert dedicated
Bezeichnet Systeme, Geräte oder Komponenten, deren Funktionen ausschließlich einer bestimmten Aufgabe zugeordnet sind.

Deklarationsteil declaration part
Teil des Programmaufbaus im Rahmen der Softwareentwicklung. Darin enthalten sind z. B. Informationen über Zustandswerte (Fehler etc.) von Daten sowie Erläuterungen zu Ein-/Ausgabedaten.

DEL
Abkürzung für Delete (Löschen): z. B. DEL-Befehl.

Demand-Paging demand paging
Verfahren im Rahmen der dynamischen Speicherverwaltung. Dabei werden lediglich die auf Plattenspeichern aufbewahrten Programmteile dann in den Arbeitsspeicher geholt, wenn diese Seiten Fehler aufweisen.

Demodulation demodulation
In der Datenkommunikationstechnik verwendetes Verfahren, das Originalsignal von einer modulierten Trägerwelle zu verbessern. Dies ermöglicht die Verträglichkeit (Kompatibilität) von Datenkommunikationssignalen mit Maschinensignalen.

Demonstrationsprogramm demonstration program
Programm, das dem Benutzer eines Computers mit anschaulichen Bildschirmdarstellungen die Einarbeitung erleichtert.

DESC
Abk.: Defense Electronics Supply Center.

Despool (CP/M)
Systemdienstprogramm für Druckausgabe von Dateien.

dezentrales System distributed system
Verteilung von DV-Aufgaben auf geographisch auseinanderliegende Computersysteme, Datenstationen, Steuereinheiten etc. Diese sogenannten Netzwerkkomponenten stehen über Datenkommunikationseinrichtungen in Verbindung. Zu den Kriterien für die Auslegung von Netzwerkstrukturen gehören z. B. Unternehmensorganisation und Arbeitslastverteilung. Die Computerleistung kann damit direkt an den Arbeitsplatz des Sachbearbeiters gebracht werden.

dezentralisierte Datenverarbeitung decentralized data processing
DV-Aufgaben sind hier auf verschiedene DV-Systeme innerhalb eines Netzwerks optimal verteilt. Das Netzwerk besteht im allgemeinen aus Computer, Terminals und Kontrolleinheiten, die über Übertragungsleitungen kommunizieren und Daten austauschen.

Dezimalsystem decimal system
Zahlensystem mit der Basis 10.

DFR
Abk.: Double Frequency Recording.

DFU
Abk.: Data File Utility – Dateidienstprogramm – (s. Dienstprogramm).

Diagnose-Programm diagnostics
Programm zur automatischen Lokalisierung und Identifizierung von Fehlern (im allgemeinen Hardware-Fehler).

Dialogbetrieb interactive operation
Im Dialogbetrieb kommuniziert der Bediener mit dem Computer interaktiv, d. h., das System gibt z. B. Anweisungen, auf die der Benutzer mit einer entsprechenden Eingabe reagiert. Im Gegensatz zum Stapelbetrieb kann der Bediener direkt in den ablaufenden Prozeß eingreifen und einzelne Befehle direkt dem Rechner übergeben. Der Benutzer arbeitet mit dem Computer über sogenannte Dialogterminals (Bildschirmeinheiten mit Eingabetastatur) zusammen.

Dialogeinheit interaktive terminal
Externes Gerät, z. B. Bildschirmeinheit mit Tastatur, das dem Bediener eine dialogorientierte Kommunikation mit dem System erlaubt.

dialogorientiert conversational
Bezeichnet den interaktiven Kommunikationsprozeß zwischen Bediener und Rechner. Diese Betriebsart erfolgt im allgemeinen über ein Bildschirmterminal mit Eingabetastatur. Die Informationen des Computersystems erscheinen am Bildschirm, die Dateneingabe des Bedieners erfolgt per Tastenbetätigung. Dieser Modus wird auch als Dialogverarbeitung bezeichnet.

Dialogsprache interactive language
Für die interaktive Datenverarbeitung vorgesehene Bedienungssprache, über die der Benutzer mit dem Computersystem im Dialog kommuniziert.

Dienstprogramm utility program
Dienstprogramme unterstützen den Benutzer bei einer ganzen Reihe von speziellen Aufgaben. Hierzu gehören z. B. Dateiverwaltung, Textaufbereitung, Bildschirmformatierung, Datentransfer zwischen Zentralprozessor und Ein-/Ausgabegeräten, Verwaltung von Programmbibliotheken etc.

digital digital
Darstellungsform von Informationen zur Verarbeitung in einem Computersystem (z. B. Binärcode).

Digital-/Analog-Umsetzer, D/A-Wandler DAC (Digital Analog Converter)
Schaltung für die Umwandlung von digitalen Eingangsdaten in eine übereinstimmende Gleichspannung.

DIP
Abk.: Dual-In-line Package. Gehäuse mit integriertem Schaltkreis (IC), das für den Anschluß zwei Reihen paralleler Stifte aufweist.

direkte Adressierung direct addressing
Bei der direkten Adressierung ist die Adresse selbst Bestandteil des Befehls. Sie ist von Bedeutung für die wirtschaftliche Nutzung des verfügbaren Speichers.

direkte numerische Steuerung
DNC (Direct Numerical Control)
Steuerung von NC-Maschinen über einen einzelnen Computer. Diese besitzen keine Restnumerik.

direkter Speicherzugriff DMA
(Direct Memory Access [DMA])
Zugriff auf die im Speicher enthaltenen Daten unter Umgehung der Zentraleinheit (CPU). Für den direkten Speicherzugriff ist ein DMA-Kontrollelement vorgesehen.

Direktzugriff, wahlfreier Zugriff direct access
Spezielle Zugriffsart für gespeicherte Informationen. Dabei werden extrem kurze Zugriffszeiten erreicht. Das Zugriffsverfahren richtet sich auch nach dem verwendeten Speichermedium. Plattenspeicher können z. B. mit direktem Zugriff arbeiten, während bei Magnetbändern die Daten seriell gelesen werden.

Disjunktion disjunction
Verknüpfung von zwei logischen Größen durch den Operator ODER. Der Wert 1 resultiert genau dann, wenn eine der beiden Größen oder beide den Wert 1 besitzen.

Disk-Edit
Bildschirmorientiertes Editor-System mit Bearbeitungsfunktionen für Diskettendateien.

Diskette floppy disk
(s. Floppy-Disk)

Diskettenbehandlung floppy disk treatment
Disketten sind empfindliche Datenträger und erfordern deshalb eine äußerst schonende Behandlung. Beschriftungen mit spitzen Schreibwerkzeugen, Radieren etc. schaden der Diskette. Bei Temperaturbereichen, Reinigung, Transport und Aufbewahrung ist äußerste Sorgfalt geboten.

Diskettenbetriebssystem floppy disk operating system
Zur Entlastung des Arbeitsspeichers lagern Disketten-Betriebssysteme einen Teil des Betriebssystems auf Disketten aus. Bei Datei-Anwendungen (Files) ist z. B. die Bearbeitung der Dateien direkt auf Disketten möglich.

Diskettenblock floppy disk block
(s. Block)

Diskettendatei floppy disk file
Auf Diskette gespeicherte Datei.

Diskettenname floppy disk name
Bezeichnung für eine Diskette, die der Benutzer frei zuordnen kann. Die auf einer bestimmten Diskette enthaltenen Informationen können dann durch Angabe des entsprechenden Namens angesprochen und z. B. verändert werden.

Diskettenspeicher floppy disk storage
(s. Floppy-Disk-Speicher)

Diskettenstandardgröße floppy disk standard size
Standardgrößen von Disketten: $5\frac{1}{2}$ Zoll, 8 Zoll und 3 bzw. 3,5 Zoll Durchmesser.

Diskettensystem floppy disk system
Speichereinheit mit flexiblen Kunst-

stoffscheiben (Disketten) als Datenträger, die aus dem Laufwerk herausgenommen bzw. in das Laufwerk eingesetzt werden können. Diskettensysteme werden speziell bei kleineren Computern als preiswerte Massenspeicher eingesetzt.

Display display
a) Häufig verwendeter Befehl für das Anzeigen von Speicherinhalten am Bildschirm.
b) Bezeichnung für Bildschirmeinheit.

Displayprozessor display processor
Kleine Rechner, die mit hohen Geschwindigkeiten arbeiten und in Grafiksystemen genau definierte Aufgaben übernehmen, wie z. B. Generierung und Lesen von Bildpunktdaten. Hinzu kommen meist noch Kreisinterpolation und Generieren von Vektoren. Die Steuerung der gesamten Aufgaben erledigt häufig ein autonomes Betriebssystem.

Distanzadresse displacement address
Verfahren im Rahmen der relativen Adressierung, bei der die absolute Adresse durch die Addition von Distanzadresse und Basisadresse gebildet wird.

DMA
(s. direkter Speicherzugriff)

DMOS
Abk.: Double diffused MOS (Halbleitertechnik).

Dollarzeichen $ dollar sign
Bezeichnet bei einigen Systemen die hexadezimale Darstellung von Zahlen.

Doppeleuropaformat
Leiterplattenformat (233×160 mm).

Doppelprozessorsystem dual processor system
Computersystem mit zwei Zentraleinheiten. Damit wird eine höhere Ausfallsicherheit bzw. eine Steigerung der Durchsatzleistung erreicht.

doppelte Genauigkeit double precision
Erhöhung der Rechengenauigkeit durch eine Verdopplung der Bit-Darstellung bei Zahlen.

doppelte „Intensität" dual intensity
Bezieht sich auf die Darstellung von hervorzuhebenden Zeichen und die damit verbundene Möglichkeit der normalen und „fetten" Typenabbildung.

doppelte Speicherdichte double density
Erhöhung der Bitdichte bei Datenträgern (Diskette, Magnetband etc.) um hundert Prozent.

DOS (Disk Operating System)
(s. Plattenbetriebssystem)

dotieren dope
Bei der Herstellung von integrierten Schaltungen das gezielte Verunreinigen von Siliziumoberflächen mit chemischen Stoffen. Das Ergebnis dieses Herstellungsprozesses sind z. B. Kondensatoren, Transistoren etc.

DO-Schleife DO-loop
In höheren Programmiersprachen (z. B. COBOL) Anweisung zur Wie-

derholung von Befehlen bis Erreichung einer spezifischen Bedingung.

DP
Abk.: Data Processing (Datenverarbeitung).

DPM
Abk.: Digital Panel Meter (Meßgerät für digitale Eingaben).

Dreifacheuropaformat
Leiterplattenformat (367×160 mm).

Druckband　print tape
Band (z. B. aus Metall), das die am Zeilendrucker ausdruckbaren Zeichen enthält.

Drucker　printer
Mit einem Computer verbundenes externes Gerät zum Ausdrucken von Daten auf Papier, Film etc. Grundsätzlich unterscheidet man zwischen mechanischem und nichtmechanischem Druck. Bei mechanischem Druck wird das Schriftbild mit Hilfe von Schrifttypen auf dem Druckpapier erzeugt. Nichtmechanische Drucker verwenden das elektrostatische, fotografische oder thermische Prinzip. Das Schriftbild wird dabei mit Hilfe elektrostatischer Muster, Filmbelichtung oder Einbrennen in Papier erzeugt.

Druckersteuereinheit　printer control
Steuereinheit für die Kommunikation zwischen Computer und Ausgabedrukker.

Druckkopfeinstellung　print head adjustment
Einstellung des Kopfabstands (automatisch oder manuell) bei Druckern. Dient zum Ausgleich von Papierdicken und Schutz des Druckkopfes gegen vorzeitige Abnutzung.

Drucktaste　push button
Schalter zur Bedienung eines Geräts oder Systems, der durch Druck aktiviert wird, z. B. Hauptschalter eines Geräts.

dualer Eingang　dual input
Eingang mit zwei möglichen Zuständen, z. B. Ein/Aus.

Dual-In-Line-Gehäuse (DIP)
DIP (Dual-In-line Package)
Gehäuse für integrierte Schaltungen (IC) mit Kontaktstiften an beiden Längsseiten für die Verbindung des ICs zur Platine.

Dual-In-Line-Kunststoffgehäuse
plastic package, DIP
IC-Gehäuse aus Plastik, das auf den Längsseiten Kontaktstifte (pins) besitzt.

Dual-Port-Speicher　dual-port memory
Speichertyp mit zwei Anschlußkanälen für Übertragungsaufgaben bei mehreren Prozessoren.

Dünnfilm-Technik　thin film method
Aufdampfungstechnik zur Herstellung von ICs (integrierte Schaltungen).

Dunkeltastung　blanking
Vorgang, der bewirkt, daß Zeichen am Bildschirm nicht ausgegeben werden.

duplex duplex
Daten können bei dieser Übertragungsart gleichzeitig in beide Richtungen übertragen werden. Als Übertragungssystem wird eine Übertragungseinrichtung mit zwei Leitern verwendet.

Duplexbetrieb duplex operation
Übertragungsmodus, der eine simultane Übertragung von Daten in beiden Richtungen erlaubt.

DV-Kaufmann
Anerkannter Ausbildungsberuf, der umfassende Kenntnisse in der Anwendungsprogrammierung sowie fundierte kaufmännische Kenntnisse erfordert.

dynamischer Speicher dynamic memory
Speicher, der eine fortlaufende Erneuerung (Auffrischen) der darin enthaltenen Informationen erfordert.

dynamische Speicherverwaltung dynamic memory allocation
Zeitdynamische Verfügbarkeit von Arbeitsspeicher-Ressourcen und Prozessen, die simultan ablaufen.

E

E
Hexadezimal die Dezimalziffer 14.

E/A I/O
Bezieht sich auf Ein-/Ausgabe-Operation.

E/A-Anschluß I/O-port
Verbindungs- bzw. Anschlußmöglichkeiten für externe Geräte (z. B. Disketteneinheit, Programm).

EAE
Abkürzung für Extended Arithmetic Element (Prozessorzusatz für Rechenoperationen mittels Hardware).

E/A-intensiv I/O-bound
Bezieht sich auf Datenverarbeitungsaufgaben mit einem hohen Aufwand an Kommunikationsoperationen zwischen der Zentraleinheit und den angeschlossenen externen Geräten (z. B. kaufmännische Anwendungen). Gegenstück: rechenintensiv.

E/A-Prozessor I/O-processor
Kleiner Rechner, der den Computer bei Ein-/Ausgabe-Operationen unterstützt.

E/A-Steuerungsprogramm
handler
Steuerungsprogramm im Rahmen der Kommunikation zwischen Computer und externen Geräten.

Easy Filer
Datensatz-Verwaltungssystem für die Bearbeitung von Datenmengen speziell im kommerziellen Bereich.

EasyWriter II (MS-DOS)
Programmpaket zur Erstellung von Texten (professionelle Textverarbeitung).

EBCDIC Code EBCDIC Code
Abk.: Extended Binary Coded Decimal Interchange Code. Ein Zeichen (Byte) enthält 8 Bit.

Echo
Unmittelbare Darstellung eines über die Tastatur eingegebenen Zeichens am Bildschirm.

ECL
Abk.: Emitter-Coupled Logic (Schaltungstyp).

ECMA 46
Norm für Magnetbandkassetten. Bei diesen Kassetten (Cartridge) handelt es sich um Datenträger mit einer Breite des Magnetbandes von 6,30 mm, wobei die Banddicke 31 Mikrometer aufweist.

Echtzeit real time
Verarbeitungsform von DV-Systemen mit simultanem Programmablauf zu den in der Realität stattfindenden Prozessen.

Echtzeitsystem real time system
System, das Daten sofort bei ihrer Generierung verarbeitet. Applikationen sind in erster Linie Meßtechnik und Steuerung von Prozessen. Gegensatz: Stapelverarbeitung.

editieren (Bildschirm) editing (screen)
Aufbereiten und Modifizieren von Informationen am Bildschirm, z. B. Gestaltung von Textbausteinen.

Editor editor
Systemprogramm zum Aufbereiten und Modifizieren von Text, Programmen etc.

EDV EDP
Abk.: Elektronische Datenverarbeitung.

EEPROM (Electrically Erasable Programmable Read-Only Memory)
Elektrisch löschbarer programmierbarer Festwertspeicher.

effektive Adresse effective address
Die absolute Adresse bei folgenden Adressierungsarten: relative, indirekte und indizierte Adressierung.

EFL
Abk.: Emitter-Follower Logic.

EIA-RS232-Standard
Standard für serielle asynchrone Datenübertragung.

Einadreßbefehl one address instruction
Befehl mit einem Adreßteil für nur einen Operanden oder nur eine Adresse.

Ein-/Ausgabe input/output
(s. E/A-)

Einbrenntest burn-in test
Prüfungsverfahren für Bauelemente. Die ICs (integrierte Schaltkreise) werden in dieser Testphase einer Funktionsprüfung bei erhöhten Temperaturen unterzogen.

Einchip-Element one-chip device
Auf einem einzigen Baustein realisiertes System.

einfache Genauigkeit single precision
Bezieht sich auf Ganzzahlwerte bei Verwendung nur eines Wortes (s. doppelte Genauigkeit).

einfache numerische Variable simple numeric variable
Numerische Variable können ausschließlich Zahlen aufnehmen. „Einfach" werden sie genannt, weil sie nur für sich alleine stehen können − ohne Verbindung zu anderen Variablen. Einfache numerische Variablen sind keine Arrays. Einer Variablen ist ein Name zugeordnet. Sie verweist genau auf die Speicherstelle, in der ihr Wert enthalten ist. Dieser Wert läßt sich modifizieren, ist also „variabel".

Einfacheuropaformat
Leiterplattenformat (100×160 mm).

Eingabe input
Transport von Daten aus externen Geräten (z. B. Diskettenspeicher) in den Hauptspeicher des Computers.

Eingabe, gepufferte input, buffered
Dateneingabe mit Unterstützung eines Pufferspeichers (s. Puffer).

Eingabebuchse input connector
Anschlußstelle für die Verbindung mit einem Gerät, z. B. Anschluß eines Kassettenrekorders.

Eingabedatei input file
Für die Aufnahme von Eingabedaten zuständige Datei, die z. B. die Bildschirminformationen enthält.

Eingabegerät input device
Externe Einheit eines Computers zum Einlesen der Daten in den Rechner, wie z. B. Bildschirmeinheit mit Eingabetastatur.

Eingabeprogramm input program
Spezielles Programm für das Einlesen von Daten in ein Computersystem.

Eingabezeiger input pointer
Syn. Cursor. Meist handelt es sich dabei um ein blinkendes Rechteck, das über den gesamten Bildschirm gesteuert werden kann und immer dort positioniert wird, wo der Bediener das nächste Zeichen eingibt (s. Cursor, blinkender).

einlesen, optisch read in, optical
Optisches Erfassen von Daten und deren Übertragung in den Rechner.

Einlesen von Daten reading of data
Übertragung von Daten, die auf Diskette, Band etc. gespeichert sind, in den Computer (CPU). Hierzu gibt es einfache Kommandos wie z. B. READ.

Einplatinencomputer single board computer (SBC)
Der Computer ist auf einer einzigen Leiterplatte (Platine) untergebracht.

Einplatzsystem single user system
Im Gegensatz zu den Mehrplatzsystemen, die gleichzeitig einer Vielzahl von Benutzern die Kommunikation mit dem Computer erlauben, bietet das Einplatzsystem jeweils nur einem Benutzer die Möglichkeit, mit dem Computer zu arbeiten.

Einschaltdiagnose power-up diagnostics
Programmpaket, das sofort beim Start eines Systems eine Funktionsprüfung vornimmt (allgemein im ROM-Speicher realisiert).

Einschub plug-in
19-Zoll-Einschübe z. B. lassen sich als standardisierte Baugruppeneinheiten in einem entsprechenden Geräteschrank auf einfache Weise befestigen.

einseitig beschreibbare Diskette single-sided diskette
Diese Disketten können lediglich auf einer Seite der Scheibe Informationen aufnehmen.

Einsprungstelle entry point
Stelle in einem Unterprogramm, an die die Steuerung bei Aufruf des Unterprogrammes übergeben wird.

ELAN
Auf der Grundlage von Erfahrungen mit PASCAL und ALGOL entwickelte höhere Programmiersprache.

Electronica
Fachmesse der Elektronikindustrie.

elektrisch löschbarer, programmierbarer Festwertspeicher
Electrically Erasable, Programmable Read-Only Memory (EEPROM)

elektrisch löschbares ROM EEROM (Elektrically Erasable ROM)

elektrisch veränderbarer Festwertspeicher electrically alterable ROM (EAROM)

Elektronenstrahl electron beam
(s. Elektronenstrahltechnik)

Elektronenstrahltechnik electronic beam method
Belichtungsverfahren bei der Herstellung von integrierten Schaltungen. Es wird ein Strahl aus Elektronen verwendet, der sehr eng gebündelt ist und dessen Steuerung aufgrund von gespeicherten Entwurfsdaten erfolgt. Die abgestrahlten Elektronen werden in senkrechter Richtung nach unten beschleunigt. Komponenten einer Elektronenstrahleinheit sind z. B. Elektronenquelle, Blende, Linse, elektromagnetische Ablenkung.

elektronische Post electronic mail
Art der Informationsübertragung einschließlich Text und Bild über Kommunikationskanäle oder Funk (Telefax, Teletex, Telex) im Gegensatz zur konventionellen Übermittlung per Briefträger.

elektrostatischer Drucker electrostatic printer
Preiswerte und kompakte Drucker, die sehr leise sind und nach dem Punktmatrixverfahren arbeiten. Die im Leistungsbereich von etwa 120 Zeichen/Sekunde liegenden Thermodrucker bilden die Zeichen mit Hilfe von Wärmeentwicklung auf einem speziellen Thermopapier ab (keine Durchschläge).

Empfänger receiver
Spezifisch für den Empfang von Signalen realisierter Baustein.

Emulation emulation
Durch Emulation werden Funktionen (Befehlsausführung und Mikroprogramm) eines bestimmten Rechners auf einem anderen Rechner nachgebildet. Dies bedeutet, daß Programme des einen Rechners auf den anderen übernommen und dort ausgeführt werden können.

Emulator emulator
Der Emulator ist ein spezielles Programm, das den Ablauf von Programmen eines bestimmten Systems auf einem anderen System ermöglicht. Dies geschieht durch die Nachbildung von wichtigen Rechnerfunktionen, wie Mikroprogramm und Befehlsausführung.

END-Anweisung end instruction
Befehl für den Abschluß eines Programms.

Ende der Datei EOF (End Of File)
Bestimmtes Zeichen, das den Abschluß einer bestimmten Datei markiert.

Endlospapier (Endlosformular)
fan-fold paper
Mit Randlochung versehenes Druckpapier, dessen einzelne Seiten in Zickzackform miteinander verbunden sind.

entladen unload
Herausnahme von Speichermedien aus einem externen Gerät, z. B. Diskette aus dem Diskettenlaufwerk.

entprellen debounce
Verhinderung eines – beim Öffnen oder Schließen eines mechanischen Kontaktelements – entstehenden Mehrfachkontakts, der nicht erwünscht ist. Diese Entprellung besorgt eine spezielle Elektronik.

Entwicklungszeit development time
Der für das Entwickeln und Testen von Computersystemen erforderliche Zeitaufwand. Eine besondere Bedeutung kommt hier dem Softwareprogramm zu. Die Testzeiten nehmen hier oft bis zu 75 % der Entwicklungszeiten in Anspruch.

Entwurfsdaten layout data
In der Entwurfsdatei sind die für den Schaltungsentwicklungsprozeß erforderlichen Daten enthalten. Die Daten einer Maske z. B. können dann in Steuerbefehle für eine Elektronenstrahl-Belichtungsanlage umgesetzt werden.

EOB
Abk.: End Of Block. Steuerzeichen, das das Ende eines Blockes markiert.

EOC
Abk.: End Of Character. Bedeutet Ende eines Zeichens. Zusätzliche Bedeutung End Of Conversion, d. h. Abschluß eines Umwandlungsprozesses bei Analog-/Digital-Umsetzung.

EOF
Abk.: End Of File. Markiert das Ende einer Datei.

EOT
Abk.: End Of Transmission. Bezeichnet das Ende einer Übertragung.

EPROM-Löschgerät EPROM eraser
UV-Strahlengerät, das zur Entfernung der in einem EPROM-Speicher enthaltenen Informationen verwendet wird. Die zum Löschen von EPROM-Speichern erforderliche Energie liegt bei etwa 15 Ws/cm.

Ergonomie human engineering
Fachgebiet, das sich mit der Auslegung von Systemen nach arbeitsmedizinischen Gesichtspunkten befaßt. Wichtige Anforderungen an ein Bildschirmgerät z. B. sind blendfreier Bildschirm, Bauhöhe, kontrastreiches Schriftbild und bedienerorientierte Eingabetastatur (z. B. bewegliche Tastatur).

erhöhen increment
Hochzählen eines bestimmten Wertes um eine konstante Größe.

Erweiterungsplatine expansion card
Leiterplatte (Platine) zur Aufnahme von weiteren Komponenten. Damit lassen sich bei einem System oder Gerät zusätzliche Funktionen realisieren.

Erweiterungs-ROM expansion ROM
Zusätzlicher ROM-Speicher zur Erweiterung der bestehenden Speicherkapazität.

ETB
Abk.: End of Transmission Block. Ende eines Übertragungsblocks (ASCII-Zeichen).

ETX
Abk.: End of Text (Textende).

EUROMICRO
Abk.: European Association for Microprocessing and Microprogramming.

EXIT
Häufig verwendeter Befehl für das Beenden eines Programms.

Exit-Anweisung
Befehl zum Beenden der aktuellen Programmausführung.

Exkluxiv-ODER-Gatter exclusive OR gate
Bei der Verknüpfung von zwei logischen Größen erfolgt genau dann der Wert „wahr", wenn bei beiden Größen ein unterschiedlicher Wert vorliegt.

externer Speicher external storage
Außerhalb der Zentraleinheit (CPU) befindlicher Speicher, z. B. Plattenlaufwerk.

F

F
Im Hexadezimalsystem die Dezimalziffer 15.

Farbanweisung color command
Instruktion an den Computer, die gewünschte Farbe am Bildschirm oder an einem anderen Ausgabegerät darzustellen. Z. B. wird am Bildschirm ein sog. Farbmenü, d. h. die gesamte Palette an verfügbaren Farben, ausgegeben. Jeder Farbe ist eine Zahl zugeordnet. Der Benutzer wählt dann z. B. Grün durch die Eingabe (an der Tastatur) von COLOR = 4.

Farbdiagramm color diagram
Am Bildschirm dargestellte Farbpalette, z. B. aus einzelnen Farbbalken, die zur Einstellung oder Auswahl von gewünschten Farbausgaben dient.

Farben für die Grafik colors for graphic
Die einzelnen Farben für Grafikdarstellungen wählt der Benutzer z. B. durch Grafikbefehle und einer dazugehörigen Zahl, die die gewählte Farbe angibt, z. B. Cn (n = Zahl für Farbe, C = color).

Farbfernsehgeräte color tv set
Viele Mikrocomputer bieten Anschlußmöglichkeiten für Farbfernsehgeräte, die dann als Bildschirmeinheit zur Darstellung von Farbdiagrammen etc. verwendet werden.

Farbhardcopy color hardcopy
Originalgetreue Farbabbildung des Bildschirminhalts für permanente Aufzeichnungen. Techniken hierfür sind z. B. Tintenstrahldruck und Belichtung von Fotomaterial. Farbhardcopydrucke kommen in der Nuklearmedizin, thermografischen Untersuchungen, Erstellung von Satellitenbildern etc. zum Einsatz (s. Hardcopy-Anschluß).

Farbnummer color number
Die einer bestimmten Farbe zugeordnete Nummer. Die Nummer wird in einem Befehl zur Kennzeichnung der gewünschten Farbe verwendet, z. B. COLOR = 9 (Darstellung der Farbe Braun).

FCB
Abk.: File Control Block (CP/M-Betriebssystem). Block im Arbeitsspeicher zur vorübergehenden Aufnahme von Informationen in bezug auf eine Datei, die bereits geöffnet ist.

FCC
Abk.: Federal Communications Commission.

fci
Abk.: Flußwechsel pro Inch. Wird bei der Beschreibung der Aufzeichnungsdichte von Plattenlaufwerken verwendet.

Fehler error
Funktionsstörungen bei Computer-Systemen, wie sie z. B. durch Hardware- oder Softwarefehler oder auch aufgrund von Fehlbedienungen seitens des Benutzers hervorgerufen werden.

Fehlerbehandlung error treatment
Maßnahme zur Identifizierung und Be-

seitigung von Fehlern. Aufgrund eines Eingabefehlers durch den Bediener wird ein Fehler-Flag (Bit zur Anzeige eines Fehlers) gesetzt, worauf automatisch ein Programm zur Einleitung der Fehlerbehandlung startet.

Fehlerbeseitigung debugging
Bei der Programmentwicklung eingesetztes Verfahren zum Testen des Programms einschließlich der Entdeckung und Beseitigung von Fehlern.

Fehler-Flag error flag
Kennzeichenbit, das einen Fehler anzeigt und durch dessen Abfrage der Computer Information über die Art des Fehlers einholt, worauf entsprechende Fehlerbehandlungsmaßnahmen eingeleitet werden können.

Fehlerhilfen error facilities
Befehle und Programme, die zur Unterstützung bei der Fehlerbeseitigung vorgesehen sind. Es lassen sich damit z. B. Programme schrittweise ausführen (STEP-Kommando) und Speicherstellen überprüfen und ändern.

Fehlerlokalisierung trouble shoot
Das Auffinden von Störungsursachen und deren Beseitigung (speziell Hardware).

Fehlermeldung error message
Computeranzeige von Bedienungs-, Programmier- und Datenfehlern, oft mit Hinweisen auf Möglichkeiten zur Beseitigung des Fehlers. Z. B. kann bei der Auslassung eines Zeichens in einer bestimmten Anweisung der Computer mit der Meldung „Syntaxfehler" reagieren.

Fehlersuchprogramm debug program
Ein spezielles Programm für das Suchen und Beseitigen von Fehlern im Rahmen der Programmerstellung.

Feld field
a) Ein oder mehrere Zeichen, die als Einheit behandelt werden.
b) Festgelegter Satzbereich (Record), der für einen bestimmten Datentyp verwendet wird.

Fenster window
Ausschnitt eines Bildschirmes, der bestimmte Informationen ausgibt (z. B. Text- oder Grafikfenster).

Fenster auf dem Bildschirm window on screen
Teil des Bildschirms (häufig: einige Zeilen hintereinander), die gemeinsam angesprochen werden können. Die Einteilung des Bildschirms in Fenster ist vorwiegend in Dialogprogrammen üblich, z. B. Ausgabebereich für abgefragte Daten.

Fenster, rollen window, rolling
Vertikale oder horizontale Verschiebung von Bildschirmausschnitten (mit Hilfe einer Anweisung).

Fenster, Text- window, text
Bildschirmausschnitt, der ausschließlich für die Darstellung von Text vorgesehen ist und dessen Größe im allgemeinen durch Anweisungen des Bedieners festgelegt werden kann.

Fernschreiber teletype
In der Datenverarbeitung zur Datenkommunikation über Fernschreibleitungen verwendet.

Fernsehgerät television set
Viele Mikrocomputer bieten auch Anschlußmöglichkeiten für Fernsehgeräte, die als Ein-/Ausgabe-Einheiten (Bildschirmeinheiten) fungieren.

Fernsteuerung, Fernbedienung remote control
Steuerung und Bedienung eines Systems über relativ große räumliche Distanzen.

Festkommaarithmetik, Festpunktarithmetik fixed point arithmetic
Rechenoperation ohne automatische Berücksichtigung des Rechenkommas bei der Befehlsausführung.

Festplatte hard disk
Speichermedium (Magnetplattenspeicher).

Festpunktarithmetik fixed point arithmetic
(s. Festkommaarithmetik)

Festwertspeicher (ROM) Read Only Memory (ROM)
Die im ROM-Speicher enthaltenen Daten lassen sich nicht modifizieren. Es sind ausschließlich Leseoperationen möglich. ROMs sind nichtflüchtige Speicher, die speziell zur Aufnahme des Basisbetriebssystems einer Rechenanlage dienen.

FET
Abk.: Field Effect Transistor.

FF
Abk.: Form Feed. Steuerzeichen für Druckausgaben, d. h., es erfolgt ein Papiertransport bis zum Beginn der nächsten Seite.

F2F F2F (Frequency-Double-Frequency)
Frequenzmodulationsverfahren zur Datenspeicherung.

FFT
Abk.: Fast Fourier Transformation.

FIFO-Speicher FIFO memory
Bei einem First-in-/First-out-Speicher werden immer diejenigen Daten zuerst aus dem Speicher gelesen, die sich am längsten im Speicher befinden. Es wird dabei ausschließlich entsprechend der Reihenfolge von Schreib-/Lese-Operationen verfahren − ohne Adressenspezifizierung.

Firmware firmware
Softwareprogramme eines Computersystems, die sich dem Benutzer gegenüber als Hardware darstellen. Firmwareprogramme sind nicht veränderbar und einer bestimmten Rechenanlage permanent zugeordnet. Als Speichereinheiten für Firmwareprogramme werden im allgemeinen ROM-Chips verwendet, deren Inhalt nicht veränderbar ist. Auch Mikroprogramme von Zentraleinheiten werden als Firmware bezeichnet.

Flag flag
Variable oder Register zur Aufnahme des Zustands eines Programms oder Geräts.

Flexibilität flexibility
Im Zusammenhang mit Software und Hardware eine Eigenschaft, die das Ändern von Systemen ohne große Problematik ermöglicht bzw. ein großes Einsatzspektrum realisiert. Z. B. ver-

sucht man durch den bausteinartigen Aufbau von Programmen (Modultechnik) ein hohes Maß an Flexibilität zu erreichen.

Flimmern flickering
Für den Bildschirmbediener ein zeitliches Variieren der Helligkeit bei Bildschirmdarstellungen. Zur Erreichung einer flimmerfreien Bildausgabe ist eine Wiederholfrequenz von mindestens 50/Hz erforderlich. Die Wahrnehmung von Flimmern am Bildschirm wird im hohen Maße von subjektiven Faktoren beeinflußt.

Flipflop flip-flop
Bistabile Kippschaltung. Flipflops dienen z. B. zum Aufbau von Registern oder Zählern. Das Setzen in einen der beiden Zustände erfolgt mit Hilfe eines Auslösesignals.

Floppy-Controller floppy controller
Auf einer Platine (Leiterplatte) realisierte Steuerungseinheit für den Anschluß von Diskettenlaufwerken. Controller gibt es in unterschiedlichen Karten-(Platinen-)Formaten und für die verschiedensten Typen von Diskettengeräten in großer Auswahl.

Floppy-Controller-Karte floppy controller card
Leiterplatte (Platine) zur Steuerung der Kommunikation zwischen Computer und externen Diskettenspeicher. Die Floppy-Controller-Karte ist im allgemeinen Voraussetzung für den Anschluß von Diskettenlaufwerken. Je nach Karten- und Systemtyp variiert auch die Anzahl der anschließbaren Laufwerke.

Floppy-Disk, Diskette floppy disk
Flexible Kunststoffplatten mit Magnetbeschichtung, die permanent in einer kartonierten Schutzhülle untergebracht sind. Die Schutzhülle ist an bestimmten Stellen mit Öffnungen versehen, um den funktionellen Zugriff auf das Speichermedium zu ermöglichen. Disketten werden als externe Speichereinheiten für Computersysteme eingesetzt (speziell bei kleineren Rechnern, wie z. B. Mikrocomputer).

Floppy-Disk-Speicher floppy disk storage
Externe Massenspeichereinheit mit direktem Datenzugriff. Als Speichermedium dient eine flexible Kunststoffscheibe mit magnetisierbarer Oberfläche, die in ihrer Schutzhülle auf einfache Weise in das Laufwerk eingelegt bzw. aus dem Laufwerk herausgenommen werden kann.

flüchtiger Speicher volatile storage
Speichertyp, der fortlaufend Refresh-Operationen erfordert, damit die darin gespeicherten Daten erhalten bleiben.

Flüssigkeitsanzeige, Merkmale
Liquid Crystal Display (LCD), characteristics
Zu den Merkmalen, nach denen LCD-Anzeigeelemente zu beurteilen sind, gehören vor allem Helligkeitsgrad, Auflösungsvermögen und Leistungsverbrauch (s. LCD-Anzeige).

Font font
Schrift, Schriftart. Steht oft auch für die Bezeichnung des Zeichenumfanges anstelle von Zeichensatz.

For-Anweisung for statement
Anweisung in Programmiersprachen. Definiert in Pascal die Anzahl der Durchläufe vor Schleifeneintritt.

formatieren formatting
Festgelegter Aufbau von Informationen für Aufzeichnungen, Übertragungen etc. Bei der Übertragung von Daten sind z. B. bestimmte Steuerzeichen (Beginn des Textes, Ende des Textes) erforderlich.

Formatierer formatter
Für das Formatieren zuständiges Programm (s. formatieren).

Forms-2
Programmsystem für die Generierung von Bildschirmformularen mit Verbindungsfunktionen zu Applikationsprogrammen.

Formular-Vorschub form feed
Bei Druckern der Papiertransport vom Ende einer Seite zum Beginn der nächsten Seite.

FOR/NEXT (Schleife) for/next loop
In Basic: Eine Programmbefehlsgruppe, die mit dem FOR-Befehl beginnt und mit NEXT-Befehl endet. Der FOR-Befehl gibt an, welche Variable die Schleifenvariable ist und mit welchem Wert sie beginnt bzw. endet und eventuell wie groß die Schrittweite ist (vorgegeben: + 1). Die Schleifenvariablen zeigen an, wie oft die Schleife durchlaufen wird, wenn es nicht einen anderen Abbruchbefehl in der Schleife gibt. Sie wird um die Schrittweite erhöht, wenn der NEXT-Befehl erreicht wird (außer beim letzten Mal).

FORTH
Für Prozeßsteueraufgaben konzipierte Interpretersprache.

FORTRAN FORTRAN
Speziell für technisch-wissenschaftliche Aufgaben entwickelte höhere Programmiersprache. FORTRAN steht für FORmula TRANslation. FORTRAN entstand Ende der fünfziger Jahre bei IBM und ist seitdem laufend durch neue Versionen erweitert worden.

Fortran-80
Fortran-80-Compiler mit kompletten ANSI-66-Standard (technisch-wissenschaftliche Aufgaben).

Fortsetzung von Befehlen continuing of instructions
Weiterführung der Befehlsausführung nach einem Programmstopp (z. B. durch Eintippen des Befehls „CON" Continue).

frei belegbare Funktionstasten
soft-key
Der Bediener am Bildschirmterminal kann über die Eingabetastatur die Funktion dieser Tasten frei wählen. Die jeweils vom Bediener definierte Funktion einer solchen Funktionstaste erscheint software-gesteuert am Bildschirm.

freigegeben enabled
Freigabe eines Rechnerbausteins, z. B. der Zentraleinheit, für die Durchführung einer bestimmten Funktion. Gegensatz: Sperren.

Frequenzumtastung FSK (Frequency Shift Keying)
Bei der Datenspeicherung auf Magnet-

bandkassetten benutztes Verfahren, wobei zwei verschiedene Frequenzen bei der Informationsdarstellung verwendet werden.

Front-End-Prozessor front-end processor

Mit dem Hauptrechner verbundener Computer, der bestimmte Aufgaben (z. B. Programmübersetzung) zur Entlastung des Hauptprozessors durchführt.

FS

Abk.: File Seperator (Dateitrenner). ASCII-Zeichen.

FTZ

Abk.: Fernmeldetechnisches Zentralamt.

führende Null leading zero

Alle Nullen vor der höchstwertigen Stelle einer Zahl.

Füllsignal, Blindsignal, Leersignal dummy

Werte, die ausschließlich aus formalen Gründen gespeichert werden. Z. B. werden auf einer Datei mit 80 Zeichen pro Zeile evtl. nicht beschriebene Positionen mit Leerzeichen gefüllt, die keine Informationen enthalten.

Füllzeichen fill charakter, blank

Codezeichen ohne bestimmte Zuordnung einer Bedeutung zur Herstellung von Raum zwischen gespeicherten Daten.

G

Ganzzahl integer
Zahl, die keine Dezimalstellen aufweist.

Ganzzahl-Variable integer variable
Ist eine Variable als ganze Zahl definiert, so enthält sie keine Werte hinter dem Komma. Wird eine gebrochene Zahl zugewiesen, so trennt das System alles nach dem Komma ab, z. B. A = 10:4, d. h. A = 2.

Ganzzeichen-Drucker fully formed character printer
Drucker mit hoher Ausgabequalität der Druckzeichen. Ganzzeichen-Drucker sind z. B. Zylinder-, Kugelkopf- und Typenraddrucker. Es gibt inzwischen jedoch eine wachsende Anzahl von Matrix- und Tintenstrahldruckern mit hoher Ausgabequalität.

Gatter gate
Logische Schaltungsfunktion (z. B. UND-, ODER-Schaltung).

gemischte Anzeige mixed display
Kombinierte Darstellung von Text- und Grafikinformationen auf dem gleichen Bildschirm.

Generatorprogramm generator program
Programm zur Erstellung von Anwender- oder Systemprogrammen aus verschiedenen Programm-Modulen.

Gerät, Vorrichtung, Apparat device
Vorrichtung, Einrichtung, Gerät, Apparat.

Gerätenummer device number
Die einem externen Gerät (das an den Computer angeschlossen ist) zugeordnete Nummer. Die Nummern für diese Geräte – z. B. Drucker, Diskettenlaufwerk – müssen eindeutig sein und dürfen nur einmal im gesamten System auftreten.

Geräte-Rücksetzfunktion (RESET) device reset function
Durch Tastendruck oder mit einem Programmbefehl kann ein Gerät zurückgesetzt werden, d. h., es wird in den Zustand unmittelbar nach dem Einschalten gesetzt. Bei einer Magnetbandstation bewirkt ein RESET auch das Zurückspulen des Bandes.

gerichteter Interrupt vectored interrupt
Adresse einer Interruptstruktur, die die Startadresse eines Unterprogramms enthält.

geschachtelte Schleife nested loop
Befinden sich innerhalb einer Programmschleife noch eine oder mehrere Schleifen, so ist sie geschachtelt. Achtung: Als Schleifenzähler soll nicht dieselbe Variable verwendet werden.

geschütztes Feld protected field
Bildschirmbereiche (z. B. konstante Führungsfelder bei Formularen), die vom Bediener über die Eingabetastatur nicht direkt beeinflußt werden können.

Geschwindigkeit velocity
Vektorielle Größe mit der Dimension m/s.

gesperrt, unterdrückt disabled
Unterdrücken bzw. Sperren einer bestimmten Funktion. So kann z. B. der Zugriff auf gespeicherte Daten mit „disable" gesperrt werden.

Gestellrahmen, Einschubschrank rack
Gestellrahmen für die Unterbringung von elektronischen Komponenten oder Modulen in normierten Gehäusen.

geteilter Bildschirm split screen
Bildschirm mit separaten Bereichen, die sich z. B. unabhängig voneinander bewegen (rollen) lassen und die unabhängige Darstellungen von Informationen erlauben.

Gewebefilter tissue filter
Zur Reflexminderung bei Bildschirmgeräten eingesetztes Filtergewebe, das meist aus Gaze hergestellt ist und nachträglich am Bildschirm angebracht wird.

Gibson-Mix Gibson mix
Bei sogenannten benchmark tests (Bewertungsprogramm) verwendete Gruppe von Befehlen, mit der die Leistungsfähigkeit einer DV-Anlage getestet werden soll.

Glasfasertechnik glas fiber technology
Für die Telekommunikation der Zukunft sind höhere Frequenzbreiten erforderlich. Übertragungsschwerpunkte: Bild und Text, Faksimile.

Die Glasfaser hat einen Durchmesser von 0,1 mm. Mit einem Faserpaar lassen sich extrem hohe Kapazitäten erreichen (z. B. simultane Bewältigung von 1500 Telefongesprächen bzw. Datenübertragungen). Den derzeitigen regionalen Versuchen der Post wird etwa 1983 die überregionale Einführung dieser Technik folgen.

Gleichheitszeichen als Operator
equal sign as operator
Ein Vergleichsoperator. Abfrage, ob der 1. Operand gleich dem 2. Operand ist. Ist das der Fall, so ist das Ergebnis wahr (also 1), ansonsten unwahr oder falsch (also 0). Z. B. IF A = B GOTO MARKE.

Gleichheitszeichen als (Wert-)Zuweisungszeichen egual sign
Ein Gleichheitszeichen, das nach dem Ergebnisfeld und vor den Operanden (mit Operatoren) steht, z. B. A =5−C. Die Programmiersprache PASCAL hat ein eigenes Zeichen (:=) dafür, um von dem Gleichheitszeichen als Operator zu unterscheiden (Operator: IF A=B GOTO MARKE).

Gleitkomma floating point
(s. Gleitpunktarithmetik)

Gleitkommaroutine floating point routine
Programm zur Durchführung von Rechenoperationen, die als Ergebnis eine Gleitkommazahl aufweisen.

Gleitpunktarithmetik, Gleitkommaarithmetik floating-point arithmetic
Arithmetische Operationen mit Gleit-

kommazahlen, die sich aus einer Mantisse und einem Exponenten zusammensetzen. In der Mantisse steht die Zahl einschließlich Dezimalpunkt. Der Exponent zeigt die reale Stelle des Dezimalkommas an. Je nach Rechnergröße und -typ sind Gleitkommaeinrichtungen als integrierte Hardwareeinheit realisiert oder stehen als spezielles Softwareprogramm zur Verfügung.

Gleitpunktdarstellung, Gleitkommadarstellung floating-point representation
Zahl, deren Darstellung mit Hilfe von Mantisse und Exponenten erfolgt. Beispiel: Die Zahl 215 wird mit $.215 \times 10^3$ dargestellt.

globale Variable global variable
Name und Wert einer globalen Variablen sind in jedem Programmbereich identifizierbar.

globales Symbol (GLOBAL)
global symbol
Ein Symbol (Variablenname), das auch in anderen Programmen Gültigkeit hat. Das Link-Programm stellt das Symbol den anderen Programmen zur Verfügung.

GOTO
In vielen Programmiersprachen wie BASIC, PL/1, FORTRAN Sprunginstruktion, d. h. ein Befehl, der bewirkt, daß nicht die folgenden Befehle, sondern die Befehle, die nach der angegebenen Marke stehen, ausgeführt werden (s. auch Sprungbefehl).

GPIB
Abk.: General Purpose Interface Bus.

IEEE-Standard für Interface-Bus (identisch mit IEC-Bus).

Grafik mit hoher Bildauflösung graphic with high resolution
Die Deutlichkeit der Grafikdarstellung am Bildschirm wird in hohem Maße durch die Anzahl der möglichen Bildpunkte pro Flächeneinheit beeinflußt. Je mehr Punkte darstellbar sind, desto klarer und wirklichkeitsnaher erscheinen die ausgegebenen Zeichnungen. Für die grafische Datenverarbeitung kommen deshalb nur Bildschirme mit hoher Bildauflösung zum Einsatz.

Grafikdatei graphic file
Datei, die die Daten für grafische Bildschirmdarstellungen enthält.

Grafikdiagramm graphic drawing
Grafische Darstellungen an Bildschirmen, Plottern oder Druckern. Die Grundformen grafischer Darstellungen sind Linien-, Balken- und Kreisdiagramme. Grafikdiagramme sind übersichtlich und schnell lesbar und lassen sich oft rascher interpretieren als lange Zahlenkolonnen.

Grafikeditor graphic editor
Systemprogramm, das grafische Darstellungen am Bildschirm modifiziert und aufbereitet. Der Grafikeditor ist speziell für Aufgabenstellungen im Bereich der grafischen Datenverarbeitung konzipiert.

grafikfähiger Drucker graphic printer
Drucker, der zusätzlich zur alphanumerischen Datenausgabe grafische Darstellungen, wie z. B. Balken- und Kreisdiagramme, ermöglicht.

Grafikperipherie graphic peripheral devices
Anschließbare externe Geräte für Dialog und Datenkommunikation mit Grafiksystemen. Hierzu gehören z. B. Steuerknüppel, Grafiktablett, Rollkugel, Lichtgriffel.

Grafikprozessor graphic processor
Kleiner Rechner, der in größeren Grafiksystemen genau festgelegte Arbeiten übernimmt, wie z. B. die Verwaltung und Bearbeitung von grafischen Daten, entsprechend den Anweisungen von Betriebssystem und Anwendungsprogrammen.

grafisches Zeichengerät, Plotter terminal graphic plotter
Datenstation zur Darstellung von Daten in grafischer Form. Damit lassen sich z. B. Balken- und Kreisdiagramme auf Papierbahnen oder anderen Materialien aufzeichnen.

Größer-als-Zeichen (>) greater than
Ein Vergleichsoperator. Abfrage, ob der 1. Operand größer ist als der 2. Operand. Ist das der Fall, so ist das Ergebnis wahr (also 1) sonst unwahr oder falsch (also 0).

Größer-oder-gleich-Zeichen (≥) greater or egual
Ein Vergleichsoperator. Wie Größer-als-Zeichen, nur daß das Ergebnis auch wahr ist (also 1), wenn beide Operanden gleich groß sind.

Größtintegration VLSI (Very Large Scale Integration)
IC (integrierte Schaltung) mit einer Integrationsdichte von über 10 000 Gatterfunktionen auf einem Chip.

Großintegration LSI (Large Scale Integration)

Großrechner, Universalrechner mainframe, large Computer
Bezeichnung für großes Computersystem ab 32 Bit.

Grundplatine mother board
Leiterplatte, in deren Sockel weitere Karten (Platinen) eingesteckt werden können.

Gültigkeitsbereich scope
Programmbereich mit verfügbarer variablen Definition.

Guest-Host-Display guest host display
Technologie für farbige Anzeigeelemente, die auf Flüssigkeitskristallen (Host) und stäbchenförmigen Farbstoffmolekülen (Guest) aufgebaut ist. Guest-Host-Elemente gibt es für verschiedene Darstellungsweisen: dunkle Symbole auf hellem Hintergrund und helle Symbole auf dunklem Hintergrund.

H

H
Abk.: Hexadezimal.

Halbbyte nibble
Von einem Byte genau die Hälfte (bei einem 8-Bit-Byte 4 Bit).

Haltepunkt breakpoint
Unterbrechungspunkt (Adresse) in einem Programm, der dem Benutzer Eingriffsmöglichkeiten (z. B. für Prüfzwecke) bietet.

Hamming-Code Hamming Code
7-Bit-Code mit Fehlerkorrektur.

Handbuch manual
Dokumentationsunterlagen mit genauen Bedienungshinweisen und Funktionsbeschreibungen eines Systems oder Geräts.

Handbuch-Änderungsdienst manual update service
Automatische Aktualisierung von Bedienungshandbüchern, speziell Softwaredokumentation, durch Lieferung der neuesten Informationen seitens des Anbieters an den Computerbenutzer. Handbücher sollten deshalb so konzipiert sein, daß der problemlose Austausch von Druckseiten (z. B. durch Ringbuch) sichergestellt ist.

Handheldcomputer hand-held computer
Computer vom Westentaschen- bis zum Aktenkofferformat. Diese kompakten Rechner sind netzunabhängig (Batterie) und bieten Anschlußmöglichkeiten für die verschiedensten Peripheriegeräte, wie z. B. Bildschirm, Plotter, Diskettenlaufwerk. Die Kommunikation mit dem Computer erfolgt über Tastatur, Funktionstasten und Zeilenanzeige. Einsatzschwerpunkte sind industrielle Anwendungen, wo eine mobile Datenerfassung und Verarbeitung im Vordergrund steht.

Handlayout manual layout
Von Hand erstellter Leiterplattenentwurf, z. B. mit Hilfe von Klebetechniken.

Hardcopy hard copy
Ausdruck von Informationen im allgemeinen auf Papier. Z. B. Duplizierung von Daten, die auf dem Bildschirm dargestellt sind, über einen Thermodrukker.

Hardcopy-Anschluß hardcopy connection
Verbindung eines Druckers, Plotters etc. mit einem Computer oder Terminal zur permanenten Aufzeichnung von Bildschirminformationen. Das Hardcopygerät liefert in Sekunden eine originalgetreue Abbildung des Bildschirms. Neben Hardcopy in Schwarzweiß-Darstellung sind auch Geräte lieferbar, die Grautöne und Farben aufzeichnen. Aufgrund der unterschiedlichen Bildschirmtypen gibt es keinen einheitlichen Hardcopy-Anschluß.

Harddisk hard disk
(s. Festplatte)

hardsektoriert hard-sectored
Markierung von Diskettensektoren mit

Hilfe von Lochstanzungen, die optisch abgetastet werden.

Hardware hardware
Die elektronischen Bauteile einer DV-Anlage einschließlich der mechanischen Komponenten.

Hardwarebootstrap hardware bootstrap
Schaltung mit einem im ROM-Speicher realisierten Ladeprogramm. Beim Einschalten wird das Ladeprogramm in den Arbeitsspeicher übertragen.

hardwaremäßig nach Prioritäten gesteuerte Unterbrechung hardware priority interrupt
Hardware-gesteuerte Interruptbehandlung. Die Unterbrechungsanforderungen der Zentraleinheit werden durch die Interruptschaltung entsprechend der Prioritätseinstufung beantwortet und bearbeitet.

Hardwareumgebung hardware environment
Die wichtigsten Hardwarekomponenten, wie Prozessor, Peripherieeinheiten (Speicher, Drucker etc.) und Geräteschnittstellen.

Hardwiretechnik hardwire method
Verdrahtungstechnik für Leiterplatten mit Hilfe von Litzen- oder Drahtlötungen.

Hartplatte hard disk
(s. Festplatte)

Hauptplatine main board
Leiterplatte, auf der im allgemeinen folgende Komponenten untergebracht sind: Mikroprozessor, ROM-Speicher, RAM-Speicher und weitere Bausteine für Steueraufgaben (wie z. B. Ein-/Ausgabe von Informationen).

Hauptprozessor main processor
In einem hierarchisch aufgebauten System der übergeordnete Rechner.

Hauptspeicher main memory
Meist in Form von RAM-Bausteinen konzipierte Speichereinheiten zur Aufnahme der hauptspeicherresidenten Betriebssystemteile und der zur Verarbeitung anstehenden Programme.

HDLC
Abk.: High level Data Link Control. Verfahren der Datenkommunikation (bitorientiert).

Headcrash head crash
Bei Speichersystemen aufgrund von Fremdpartikeln (z. B. Staubkorn) verursachter Kontakt zwischen Schreib-/Lesekopf und Speichermedium. Während des Laufwerkeinsatzes bieten hermetisch abgeschlossene Platten und Magnetköpfe (Winchestertechnologie) einen wirksamen Schutz.

Helligkeit brightness
Leuchtdichte am Bildschirm, die die Lesbarkeit der dargestellten Zeichen beeinflußt. Kann am Bildschirm vom Bediener variiert werden.

Hersteller eines Originalsystems
OEM (Original Equipment Manufacturer)
Der für Fertigung und Vertrieb von Endprodukten verantwortliche Anbie-

ter, der Subsysteme von anderen Firmen in seine eigenen Erzeugnisse integriert bzw. unter eigenem Namen vertreibt.

Hertz hertz
Einheit für Anzahl von Schwingungen pro Sekunde (Frequenz).

hex
Abk.: Hexadezimal

hexadezimal hexadecimal
Zahlendarstellung auf der Basis 16. (0, 1, 2, 3, 4, 5, 6, 7, 8, 9, A, B, C, D, E, F).

hierarchisches Dateisystem hierarchic data system
Hierarchischer Aufbau der Dateistruktur. Z. B. können die Datensätze in einem hierarchisch organisierten Dateisystem organisiert sein in Firma, Unternehmensbereich, Fachabteilung, Mitarbeiter.

hierarchisches Netzwerk hierarchical network
Diese Netzwerke, die auch als Master/Slave-Netze bekannt sind, arbeiten auf mehreren Ebenen, denen unterschiedliche Aufgaben zugeordnet sind. Auf der untersten Ebene arbeiten kleinere Rechner, während an der Spitze Großcomputer eingesetzt werden. Die Großrechner erledigen z. B. Timesharing- und Stapelverarbeitungsaufgaben, während die kleineren Rechner Aufgaben direkt vor Ort, z. B. am Arbeitsplatz des Sachbearbeiters, durchführen. Die hierarchische Netzwerksoftware kann eine komplette Kontrolle der Netzwerk-Managementfunktionen (Kontrolle des gemeinsamen Datenbanksystems, Kommunikationsmanagement und Programmentwicklung etc.) durch den zentralen Großrechner erforderlich machen.

Hilfsspeicher scratch pad memory
(s. Notizblockspeicher)

Hintergrundprogrammierung
background programming
(s. Hintergrundverarbeitung)

Hintergrundverarbeitung background processing
Im sogenannten Hintergrund laufen alle Programme ab, die hinsichtlich der Reaktionsgeschwindigkeit unkritisch sind und eine niedrigere Priorität aufweisen. Programme mit hohen Anforderungen an deren zeitlichen Ablauf werden dagegen im „Vordergrund" verarbeitet.

HMOS
Abk.: High density MOS – MOS-Halbleitertechnik.

Hobbycomputer hobby computer
Im Gegensatz zu professionellen Computersystemen werden Hobbycomputer im privaten Bereich eingesetzt (z. B. Schach oder auch Finanzplanung). Im allgemeinen sind jedoch die derzeitigen Personal- oder Mikrocomputer sowohl professionell wie auch privat verwendbar, wobei die Verfügbarkeit von Programmen über die Einsatzmöglichkeiten entscheidet.

hochauflösende Grafik high resolution graphic
(s. Grafik mit hoher Auflösung)

höchstwertiges Bit most significant bit (MSB)
Stelle mit dem höchsten Bit-Wert (bei binär 1000 ist 1 das höchstwertige Bit).

höhere Programmiersprache high level language
Im Gegensatz zu den maschinenorientierten Assemblersprachen bieten die höheren Programmiersprachen einen weitaus besseren Arbeitskomfort. Darüber hinaus sind sie auch nicht auf eine bestimmte Anlage ausgerichtet. Die Aufgaben können entsprechend den Bedürfnissen des Benutzers formuliert werden. Höhere Programmiersprachen sind z. B. FORTRAN, COBOL, BASIC etc.

Holzyklus fetch cycle
Phase bei der Bearbeitung eines Befehls. In der Holphase werden folgende Operationen durchgeführt: Bereitstellung des Programmzählerinhalts für den Adreßbus, Generierung des Lesesignals und Erhöhung des Befehlszählers.

Homecomputer home computer
Mikrocomputer für den Einsatz im privaten Bereich, wie Computerspiele, Musikgenerierung etc. Das Einsatzspektrum wird vor allem durch die Anzahl der verfügbaren Programme bestimmt.

Host-Language-System (Datenbank) host language system (data base)
In einem solchen System sind alle Anweisungen zur Aufnahme von Datenbanksätzen sowie die Kommandos für Datenabruf und Satzmodifizierung in einer bereits vorhandenen Programmsprache, wie z. B. COBOL, eingebettet.

Hostrechner host computer
Größere DV-Anlage, mit der kleinere Systeme verbunden sind.

HPIB
Abk.: Hewlett-Packard Interface Bus. Identisch mit IEEE-488-1975-Bus und GPIB.

HSYNC
Abk.: Horizontal SYNChronization. Für die horizontale Positionierung eines TV-Bildes verantwortliches Signal.

HTL-Technik HTL technology
Abk.: High Threshold Logic.

Huckepack-Karten piggy back board
Leiterplatte, die auf eine andere Leiterplatte aufgesteckt wird.

I

IC
Abk.: Integrated Circuit (integrierte Schaltung).

ICC
Abk.: Invitational Computer Conference. Fachmesse für OEM-Anbieter und OEM-Kunden (s. OEM).

IDACS
Abkürzung für Industries Data Acquisition Control System (Steuersysteme für Datenerfassung in der Industrie).

IEC
Abkürzung für International Electrotechnical Commission (Internationale Organisation für Normung).

IEC-Bus   IEC-bus
Standardisierte Busstruktur, die einen Rechner mit den externen Komponenten eines Computers verbindet. Die externen Einheiten umfassen Disketteneinheit, Magnetbandsystem, Meßgeräte etc.

IEEE-583
Standard für Geräte-Interfaces. Speziell für den Anschluß von Meßgeräten im Bereich der Nukleartechnik.

IEEE 696
IEEE-Standard für Busse.

IEEE 583/CAMAC
Normung für Meßgeräteanschluß.

IEEE-488-Standard
(s. GPIB)

IF/THEN-Instruktion
Instruktion (Programmbefehl), die die Instruktion nach THEN nur ausführt, wenn die Bedingung nach IF wahr ist, z. B. IF A > B THEN PRINT B. Wenn A größer als B ist, wird B ausgedruckt, sonst nicht.

I2L
Abk.: Integrated Injection Logic.

Impact-Drucker   impact printer
Wie das Wort „Impact" schon andeutet, erfolgt bei dieser Art von Drucker die Abbildung auf dem Druckmedium (Papier) durch mechanischen Anschlag etwa wie bei einer Schreibmaschine. Impactdrucker sind z. B. Punktmatrix-, Typenrad- und Kugelkopf-Modelle.

Implementierung   implementation
Einsatzfertige Bereitstellung der Systemfunktionen (Software/Hardware), z. B. Realisierung des ersten Programmablaufs auf einem System.

Index   index
Bei Tabellen ist der Index die Angabe des Tabellenplatzes. Z. B. ist A eine Tabelle mit 100 Plätzen (1 bis 100); bei A (20) ist der Index 20.

Indexlochung   index hole
In einer Diskette die Öffnung zur Kennzeichnung des ersten Sektors.

Indexregister   index register
Register zur Ermittlung der Adresse eines Operanden. Indexregister und Adreßteil eines Befehls werden entweder addiert oder die Operandenadresse ist direkt im Maschinenbefehl enthalten.

indirekte Adressierung indirect addressing
Adressierungsart, bei der die Operandenadresse eines Maschinenbefehls aus Adreßteil und Indexregister ermittelt wird. Der Adreßteil kann auch eine Speicherstelle ansprechen, in der die Operandenadresse enthalten ist.

Individualsoftware individual software
Speziell für ein bestimmtes betriebsspezifisches Anwendungsgebiet auf individueller Basis entwickeltes Programmpaket (z. B. Buchhaltung der Firma X). Gegenstück: Standardsoftware.

indizierte Adressierung indexed addressing
Bei diesem Adressierungsmodus wird der Inhalt des Indexregisters als Bestandteil des Adressensegments eines Maschinenbefehls hinzugefügt. Damit wird die reale Adresse eines Operanden ermittelt.

indizierte Datei index file
Dateistruktur, bei der den einzelnen Dateien Indexdateien zugeordnet sind. Aus diesen Indexdateien „erfährt" der Computer, wo die Daten physikalisch auf dem Datenträger (Diskette etc.) gespeichert sind.

Informatik computer science
Studiengang zur Ausbildung von DV-Spezialisten. Das Informatik-Studium wurde etwa 1970 an Universitäten und Fachhochschulen der BRD eingeführt. Derzeit dürfte an ca. 50 Universitäten und Fachhochschulen das Fach Informatik als Haupt- und Nebenfach existieren. Derzeit geschätzte Absolventenzahlen jährlich: Universität 1 300, Fachhochschulen 750. Hinzu kommen 5 000 Nebenfachabschlüsse. Dazu gibt es zahlreiche Ausbildungsinstitute (herstellerspezifisch und herstellerunabhängig), die Informatik-Kurse anbieten.

Informatiker computer scientist
Absolvent der Studienrichtung Informatik (s. Informatik).

Informationsdurchsatz information throughput
Dient zur Definition der innerhalb einer bestimmten Zeiteinheit verarbeiteten Informationsmenge.

Infrarot-Lesestift infrared light pen
Drahtloser Lichtstift zum Lesen von Strichcodes. Die Datenübertragung von und zum Stift wird durch infrarotes Licht realisiert.

inhibit inhibit
Bezieht sich auf das Unterdrücken bzw. Sperren von Signalen (z. B. Inhibit-Leitung).

initialisieren initialize
Das Setzen von Schaltern, Zählern, Adressen etc. auf Null oder andere Startwerte.

Initialisierung einer Diskette initialize a floppy disk
Vor dem ersten Verwenden einer Diskette muß sie initialisiert werden. Dabei wird sie in gleich große Sektoren eingeteilt, die Größe der Sektoren bestimmt der Benutzer bei der Initialisierung (z. B. 256 oder 512 Bytes).

Instruktion instruction
(s. Anweisung)

Integer integer
Ganzzahl. Zahl ohne Dezimalstellen.

Integrated Injection Logic
Verfahren im Rahmen der LSI-(Large System Integration).

Integration von Mikroprozessoren integrating microprocessors
Mikroprozessoren werden in zunehmendem Maße in größere Systeme eingebaut, wo sie wichtige Steuerungsaufgaben übernehmen. In diese Systeme gehören z. B. Fertigungsstraßen, industrielle Anlagen, Automotoren und Geräte aus der Medizin.

integrierte Schaltung integrated circuit
Auf nur einem Plättchen aus Silizium (Silizium-Chip) realisierte Schaltung.

intelligentes Terminalsystem intelligent terminal system
Steuerpult, das eine eigene Zentraleinheit und einen eigenen Speicher enthält. Das bedeutet, daß ein intelligentes Terminalsystem bestimmte DV-Aufgaben in eigener Regie durchführen kann, ohne damit die CPU des zentralen Systems zu belasten.

interaktiv interactive
(s. dialogorientiert)

interaktives Büro interactive office
Computergesteuertes Büro im Sinne einer integrierten Text- und Datenverarbeitung.

interaktives Programm interactive program
Programm, das mit dem Benutzer eines Computers im Dialog kommuniziert.

interaktives Terminal, Dialogterminal interactive terminal
Datenstation mit Bildschirmeinheit und Tastatur zur Datenkommunikation mit einem Computersystem im Dialogbetrieb.

Interface interface
(s. Schnittstelle)

Interpretierer interpreter
Vom System zur Verfügung gestelltes Programm zur Verarbeitung von Programmen in höherer Programmiersprache. Die bei Compilern erforderliche Zwischenstufe eines Objektcodes entfällt, d. h., die Programme sind unmittelbar ablauffähig.

interrupt-gesteuert interrupt driven
Bezeichnet Softwaresysteme, die die Unterbrechungsmöglichkeiten eines Rechners für Ein-/Ausgabe-Steuerungen sowie für Systemreaktion auf Benutzeranforderungen verwenden.

INUSE Lampe INUSE light
Lichtanzeige, die auf den Betriebszustand eines Geräts hinweist (z. B. Lampe leuchtet, Diskettenlaufwerk in Aktion, d. h. Diskette rotiert).

invertierte Darstellung am Bildschirm inverse output on screen
Ausgabe von Informationen in „umgekehrter" Form der normalen Darstellung, d. h. z. B., daß Textzeichen (etwa

zur Hervorhebung) in dunkler Farbe auf hellem Hintergrund anstatt hell/dunkel am Bildschirm erscheinen.

ISO
Abk.: International Standards Organization. Organisation, die internationale Normen festlegt.

Istwert actual value
Im spezifischen Beobachtungszeitraum festgestellter realer Wert einer physikalischen Größe.

Iteration iteration
Wiederholung einer Gruppe von Befehlen.

iterativ iterative
Bezieht sich auf einen repetierenden Prozeß.

J

J
Abk.: Jump instruction. Bezieht sich auf einen Befehl für einen Sprung im Programm.

JCL
Abk.: Job Control Language. Kommandosprache zur Steuerung von Job-Strömen (Programmfolgen bzw. Aufträge an den Computer).

Job job
(s. Auftrag)

Jobabrechnung job accounting
In einem Rechenzentrum eines größeren Betriebs oder bei einem Service-Rechenzentrum muß jede durchgeführte Rechnerleistung (Job) kostenmäßig überwacht werden. Dafür wird jedem Job eine Abrechnungsnummer (account number) zugeordnet. Die Abrechnung kann projekt-, personen- oder abteilungsbezogen durchgeführt werden.

Jobbearbeitung job processing
Die automatische Bearbeitung von Aufträgen (Programmfolgen) ohne direkten Eingriff des Benutzers.

Jobschritt, Auftragsschritt job step
Ein Auftrag (Job) ist wiederum in einzelne Schritte unterteilt, wie z. B. Ausgabebefehl.

Jobstream
Folge von Aufträgen (Jobs) aus Daten und Steuerbefehlen.

Journaldaten log data
Zur Rekonstruktion von Datenbankinhalten erforderliche Daten.

Jumbo jumbo
Fachjargon: Großrechner.

K

Kansas City Standard
Kassettenaufzeichnungscode (RS 232C-Anschluß).

Karte
(s. Steckkarte)

Kartenleser card reader
Lesegerät zur direkten Informationseingabe in den Computer, d. h. die Daten müssen nicht über die Tastatur des Rechners eingegeben werden. Das Lesen der Lochkarten erfolgt optisch über Fotozellen. Die Lesegeschwindigkeit liegt bei ca. 20 000 bis 120 000 Karten pro Minute.

Kassenterminal point of sales terminal
computerunterstützte Verkaufskassen.

Kassette cartridge
(s. Bandkassette)

Kassettenlaufwerk cartridge drive
Antriebseinheit (im allgemeinen mit Gehäuse), die als Speichermedium eine Magnetbandkassette verwendet. Bezeichnet oft die gesamte Magnetbandkassetteneinheit.

Kathodenstrahlröhre CRT (Cathode Ray Tube)
(s. CRT)

KB
Abkürzung für Kilobyte (1024 Byte).

Kellerspeicher, Stack, Stapelspeicher LIFO (Last In-First Out)
Bei diesem Speichertyp werden immer die Daten ausgegeben, die zuletzt eingelesen wurden. Stack-Speicher werden vor allem zur Bearbeitung von Unterprogrammen eingesetzt.

Kennwort password
Das Kennwort dient zur Datensicherheit und verhindert einen unerlaubten Zugriff auf gespeicherte Informationen. Der Computerbenutzer kann in diesem Fall Informationen nur durch Angabe eines Kennwortes abrufen.

Kennzeichen, Flag, Identifizierungssignal flag
Flags dienen zur Angabe eines bestimmten Betriebszustands. Mit dem Minus-Flag wird z. B. bei einer Rechenoperation das negative Ergebnis angezeigt.

Kennzeichenbit flag bit
Das Setzen oder Nichtsetzen eines Kennzeichenbits weist darauf hin, ob eine bestimmte Bedingung erfüllt ist oder nicht.
0 = Bedingung nicht erfüllt.
1 = Bedingung erfüllt.

Kernspeicher core memory
(s. Magnetring-Kernspeicher)

Kilobaud kilobaud
Einheit für die Datenübertragungsgeschwindigkeit in 1000 Baud.

KIPS
Abk.: Kilo Instructions Per Second. 1 000 Befehle pro Sekunde. Gibt die Arbeitsgeschwindigkeit von Computern an.

Klarschriftleser character reader
Gerät zur Erfassung von genormten Zeichen und deren Umwandlung in Computercode (z. B. OCR-Leser, optischer Leser).

Kommandosprache command language
Sprache, in der der Bediener mit dem Computer auf einfache Weise kommuniziert. Ist der Computer betriebsbereit, so ist zumindest die Kommandosprache geladen, sonst ist kein Arbeiten möglich. Mit der Kommandosprache lädt man Programme (LOAD), führt sie aus (RUN) und druckt Programme oder Daten (PRINT). Für den Einsatz eines betriebsbereiten Computersystems ist die Verfügbarkeit einer Programmiersprache Voraussetzung.

Kommentar comment, remark
Information, die z. B. neben einer bestimmten Programmzeile steht und zu deren Erläuterung dient, vom Übersetzungsprogramm jedoch ignoriert wird.

kompatibel compatible
Eigenschaft von Computersystemen, die eine Übernahme von Softwareprogrammen ermöglichen, einschließlich Programmablauf, ohne daß größere Programmänderungen erforderlich sind.

Kompilierer, Übersetzer compiler
Dieses Programm übersetzt die in einer höheren Programmiersprache erstellten Programme in einen Code (den sogenannten Maschinencode), der vom Computer direkt bearbeitet werden kann (s. auch Interpretierer).

Konsole console
Für die Bedienung einer Rechenanlage vorgesehenes Steuerpult zur Kommunikation zwischen Mensch und Computer. Die Konsole besteht im allgemeinen aus Bildschirmeinheit und Eingabetastatur.

Kontaktschalter touch sensitive switch
Durch einfache Berührung zu betätigender Schaltertyp.

Kontrast contrast
Bei Bildschirmgeräten das Verhältnis des Kontrastes zwischen Zeichen und Hintergrund, das im allgemeinen vom Bediener am Bildschirm eingestellt werden kann. Als Richtwerte für das Kontrastverhältnis zwischen Zeichen und Hintergrund gelten 3:1 (min.) und 15:1 (max.).

Kontrollbus control bus
(s. Steuerbus)

Kontrolleinheit control unit
(s. Steuerwerk)

Kontroller controller
Leiterplatte (Platine) mit Komponenten zur Steuerung von externen Geräten (z. B. Diskettenlaufwerk, Magnetband).

Kontrollzeichen control character
(s. Steuerzeichen)

konvertieren, umwandeln convert
Das Umsetzen von Informationen einer bestimmten Darstellung in eine andere Art der Darstellung, wie z. B. die Um-

wandlung von Dezimal- in Sedezimaldarstellung.

Kopfabstand head distance
Abstand zwischen Lese-Schreib-Kopf einer Speichereinheit (z. B. Plattenlaufwerk) zum Speichermedium wie z. B. Platte. Der Abstand kann etwa zweieinhalb millionstel Millimeter betragen.

Korrespondenzdrucker letter quality printer
Drucker, der Briefe mit hoher Schriftqualität ausgibt (vergleichbar mit dem Arbeitsergebnis einer elektronischen Schreibmaschine).

Kreisdiagramm pie diagram
Graphikdarstellung, bei der ein Vollkreis in einzelne Sektoren unterteilt ist, die den prozentualen Anteil der einzelnen Werte am gesamten Kreis darstellen. Die einzelnen Sektoren können z. B. durch Schraffierung oder Farben hervorgehoben werden.

KSAM
Abk.: Keyed Sequential Access Method (Datenzugriffsverfahren über Schlüsselbegriffe).

kundenspezifisch custom
Bezieht sich auf Komponenten, die vom Hersteller nach Angaben des Abnehmers erstellt werden, wie z. B. festprogrammierte Speichereinheiten.

L

laden load
Übertragen von Software auf einem peripheren Speichermedium in den Arbeitsspeicher eines Computersystems.

Lader loader
Internes Programm eines Computersystems, das dazu dient, die auf einem externen Speichermedium abgelegten Objektprogramme in den Arbeitsspeicher des Rechners zu übertragen, wo diese sofort ablauffähig sind.

Lambda-Viertelbeschichtung lamda layer
Die von der Wellenlänge des Lichtes abgeleitete Bezeichnung wird für eine vakuumaufgedämpfte Bildschirmschicht verwendet, die als Schutz gegen Lichtreflexionen dient.

Laserdrucker laser printer
Drucker mit hoher Schreibgeschwindigkeit, der zur Belichtung einen Laserstrahl verwendet.

Laser-Lesegerät laser scanner
Auf Laserbasis operierende Lesevorrichtung zur Erfassung von Strichcodes. Unregelmäßige Code-Oberflächen oder Distanzen (z. B. 20 cm) zum Code wirken sich dabei nicht nachteilig aus.

Laufwerk drive
Antriebseinheit für Speicher. Bezeichnet auch gesamte Speichereinheit.

Layout, Entwurf layout
Auslegungsstruktur bei integrierten Schaltungen.

LCD-Anzeige LCD display
Abk.: Liquid Crystal Display. Anzeigeelemente, die vorwiegend in batteriebetriebenen Geräten Verwendung finden und sich durch einen sehr niedrigen Stromverbrauch auszeichnen. Bei einer LCD-Anzeige mit vier Stellen z. B. benötigt der Stromverbrauch typisch 5 μA. Wichtige LCD-Merkmale: Relativ hohe Ansprechzeiten. Keine Eigenleuchtung. Beliebige Anzeigegrößen. Geringe Dicke (ca. 2,5 mm).

Leasing leasing
Finanzierungssystem zur Realisierung von Investitionsvorhaben. Für die Finanzierung von DV-Anlagen bieten in der BRD weit mehr als 500 Leasing-Gesellschaften ihre Dienste an. Im Mittelpunkt steht dabei die Kalkulation von Mietmodellen, die auf die spezifischen Bedürfnisse des Benutzers zugeschnitten sind.

LED
Abk.: Light Emitting Diode (s. Leuchtdiode).

Leerzeichen blank
Füllzeichen, dem keine bestimmte Bedeutung zugeordnet ist, das keine Funktion besitzt oder kein sichtbares Zeichen generiert. Sie dienen z. B. als Zwischenräume bei gespeicherten Daten oder zum Auffüllen von Restpositionen in einem Datenblock.

Leerzeile blank line
Zeile, in der keine sichtbaren Zeichen ausgegeben werden.

Legende legend
Die auf den Tasten einer Eingabeta-

statur angebrachte Beschriftung (Zahlen, Buchstaben etc.).

Leistungsausfall power dump
Ausbleiben der Versorgungsspannung für ein Gerät.

Leistungsmerkmal performance characteristic
Leistungsmerkmale eines Computersystems sind z. B. Speicherkapazität, Antwortzeiten, Zuverlässigkeit, Genauigkeit und Anzahl der gleichzeitig ablauffähigen Programme.

Leiterplatte, bestückte board with components
Karte (Platine), die bereits mit Bausteinen (Speicher, Zentraleinheit etc.) ausgestattet ist.

Leiterplatte, leere board without components
Platinen (Karten) ohne Komponenten, wie ROM-Speicher, CPU etc. Gegensatz: bestückte Leiterplatte.

Leitung für Sprachübertragung, Fernsprechleitung voice-grade line
Für Datenübertragung verfügbare Fernsprechleitungen mit einer Bandbreite bis max. etwa 3 kHz.

Lesegerät reader, scanner
Gerät zur dierekten Informationseingabe in den Computer. Daten müssen nicht zuerst über die Tastatur (z. B. eines Bildschirmgeräts) eingegeben werden. Wichtige Lesegeräte sind OCR-Leser, Code-Leser, Druckschriftleser, Zeichnungsleser, Handschriftleser und Belegleser.

Lesemaschine, Lesegerät reader
Gerät, das Daten optisch erfaßt und zur Verarbeitung in einer DV-Anlage kodiert und aufbereitet.

lesen read
Abruf von Daten aus einem Speicher oder die Erfassung von Daten mit Hilfe eines Klarschiftlesers (z. B. OCR-Leser).

Lesestift scanner
(s. Lichtstift)

Leuchtdiode light emitting diode (LED)
In verschiedenen Farben verfügbare Dioden, die als Anzeigeelemente dienen.

LF
Abk.: Line Feed (s. Zeilenvorschub)

Lichtstift, Lichtgriffel light pen
Lichtstift zur Eingabe oder Modifizierung von Informationen direkt am Bildschirm. Der Stift ist mit dem Computer verbunden und ermöglicht damit die genaue Identifizierung von Bildschirmdaten.

LIFO, Kellerspeicher Last In – First Out (LIFO)
(s. Kellerspeicher)

lineare Programmierung linear programming
Verfahren zur Problemoptimierung.

Liniendiagramm line drawing
Liniendiagramme in graphischen Darstellungen werden sowohl für wirtschaftliche wie auch für technisch-wissenschaftliche Aufgaben verwendet.

Linien lassen sich in Kurvenform darstellen, wobei die Ausgaben gestrichelt, punktiert oder durchgehend möglich sind.

Linker linker
(s. Binder)

Linkspfeil left arrow
Taste, mit der der Cursor am Bildschirm nach links bewegt wird.

LISP List Processing
Für nichtnumerische Aufgabenstellung entwickelte höhere Programmiersprache (Interpretersprache).

Liste, Auflistung listing
Die während des Betriebs eines Computersystems in Form einer Auflistung über ein Ausgabegerät (Drucker, Bildschirmeinheit) ausgegebenen Daten.

Literal literal
Ein Symbol, das sich selbst definiert; d. h., dieses Symbol muß nicht in einem Definitionsbefehl dem System bekanntgemacht werden, sondern der Assembler stellt den Platz für ein Literal zur Verfügung, wenn es im Operandenfeld vorkommt.

Lochstreifenleser tape reader
Lesegerät zur direkten Informationseingabe in den Computer, d. h. die Daten müssen nicht über die Tastatur (z. B. Bildschirmeinheit) eingetippt werden. Der Lochstreifen wird mittels Fotozellen optisch gelesen oder bei entsprechend geringerer Geschwindigkeit auch mechanisch abgetastet. Lochstreifenleser werden häufig für das Einlesen von Programmteilen oder auch für das

Laden des auf Platte gespeicherten Betriebssystems in den Hauptspeicher verwendet (dieser Vorgang wird als Bootstrap oder Urladen bezeichnet).

Löschen des Bildschirms clearing of screen
Mit Tastendruck oder durch Ausführen eines Befehls kann der Bildschirm gelöscht werden, d. h., alle Stellen sind dann Blanks (Leerstellen).

logische Datei
Verzeichnis eines Systems, mit dessen Hilfe Daten aus physischen Dateien abgerufen werden können. Logische Dateien enthalten z. B. Definitionen von Zugriffswegen, Feldformatänderungen etc.

logische Verknüpfung logic operation
System logischer Schaltungen auf Grundlage der Booleschen Algebra (z. B. UND, NICHT-, ODER-Verknüpfung).

logischer Operator
(s. Operator, logischer)

lokales Netzwerk local network
Übertragungsnetz, das im wesentlichen aus Terminals, Zentralrechner, Arbeitsplatzcomputer, Übertragungssystemen und Dienstleistungseinrichtungen besteht. Das lokale Netzwerk ist als geschlossene Einheit innerhalb eines Bereiches von wenigen Quadratkilometern organisiert. Die Übertragungsgeschwindigkeiten liegen zwischen etwa 1 und 10 Megabit pro Sekunde. Die Benutzer des Systems sind im allgemeinen Mitarbeiter eines Unternehmens,

die die Ressourcen des Systems gemeinsam nutzen. Ein bekanntes lokales Netzwerk ist Ethernet.

lpm
Abk.: Lines Per Minute (Zeilen pro Minute). Geschwindigkeitsangabe bei Druckern.

lps
Abk.: Lines Per Second (Zeilen pro Sekunde). Geschwindigkeitsangabe bei Druckern.

LSB
Abk.: Least Significant Bit (niederwertigstes Bit).

LSI
Abk.: Large Scale Integration (Großintegration).

LSTTL
Abk.: Low-power Schottky Transistor-Transistor Logic.

M

Magnetband magnetic tape
Bei Magnetbandspeichern als Speichermedium verwendetes Kunststoffmaterial mit Eisenoxidbeschichtung.

Magnetbandlaufwerk tape drive
Geräteteil eines Magnetbandspeichers zur Steuerung und Kontrolle der Bandbewegung.

Magnetblasenspeicher bubble memory
Für die Datenspeicherung kommen Magnetblasen zum Einsatz. Diese Magnetblasen sind gegenüber ihrer Umgebung in entgegengesetzter Richtung magnetisiert. Die Informationen bleiben bei einem Zusammenbruch der Stromversorgung im Speicher erhalten.

Magnetblasenspeicher, Vor- und Nachteile bubble memory
Vorteile: Magnetblasenspeicher benötigen zum Erhalten der gespeicherten Informationen keine Energie. Die Speicherdichte ist enorm hoch; kein Datenverlust bei abgeschalteter Versorgungsspannung. Nachteile: niedrige Übertragungsgeschwindigkeiten, serielle Speicherung, aufwendige Ansteuerelektronik.

Magnetringkernspeicher magnetic core memory
Um 1950 entwickelter Speichertyp, vom Halbleiterspeicher dann nahezu verdrängt. Durch Entwicklungsfortschritte bei der Fertigung von Magnetringkernspeichern zeichnen sich jedoch neue Einsatzmöglichkeiten ab. Kernspeicher sind nichtflüchtige Speicher, d. h., die darin enthaltenen Informationen gehen auch bei abgeschalteter Versorgungsspannung nicht verloren. Magnetringkernspeicher sind aus Ringkernen aufgebaut, durch die vertikale und horizontale Leitungen führen, die man als Adressierungsleitungen bezeichnen kann. Die Flußrichtung im Magnetkern bestimmt den Informationsinhalt eines Kernes. Das Lesen von Informationen erfolgt über die Tastleitung.

Mailmerge
Mischprogramm, das in Verbindung mit WORDSTAR Textverarbeitungsfunktionen durchführt.

Mainframe mainframe
Großrechner

Mainframer mainframer
Fachjargon: Ausdruck für Großrechnerhersteller (abgeleitet von mainframe = Großrechner).

Makro-80 (CP/M)
Makroassembler für die Mikroprozessoren 8080 von Intel und Z80 von Zilog.

Makroassembler marcroassembler
Instruktionen, die sich häufig wiederholen, werden in der Makroassemblersprache mit einem einzigen Namen definiert. Dies bedeutet: Der Programmierer ruft die Befehle einfach durch Angabe des betreffenden Makronamens auf, wodurch das zeitraubende Neuschreiben der Anweisungen überflüssig wird.

Makrobefehl macro-instruction
Instruktion für den Aufruf von Befehlen, die unter einem bestimmten Namen zusammengefaßt sind. Bei der Übersetzung werden die Namen durch die Befehle ersetzt.

Makrobefehlsspeicher macro-instruction storage
Zur Aufnahme von Makrobefehlen vorgesehener Speicher.

Makrocodierung macro coding
Programmierung, bei der mehrere Instruktionen unter einem selbständigen Namen zusammengefaßt werden, der dann für den Abruf dieser Anweisungen verwendet wird.

Marke (Name für Befehle) label (name for instructions)
Marken ermöglichen das namentliche Ansprechen (etwa bei GOTO) der Speicherstelle, an der der Befehl mit Marke steht, z. B. A: PRINT.

Marke, Kennzeichnung label
Markierungspunkt auf Datenträgern, wie z. B. Magnetband. Bei Programmen auch eine symbolische Adresse.

Markierungsleser code reader
Lesegerät zur direkten Informationseingabe in den Computer, d. h. die Daten müssen nicht über die Tastatur (z. B. Bildschirmterminal) eingegeben werden. Markierungsleser erfassen mit Kugelschreiber oder Bleistift eingezeichnete Markierungen. Diese Markierungen werden z. B. auf Formularen oder Fragebögen in bestimmte Felder eingetragen und vom Markierungsleser ausgewertet.

Maschinenadresse machine address
Die Adresse zur Bestimmung einer Speicherstelle.

Maschinenbefehl machine code instruction
Binär codierte Anweisung an die Zentraleinheit eines Computersystems.

maschinenlesbar machine readable
Bezieht sich auf die Darstellung von Informationen in einer für ein Gerät oder System erfaßbaren Form.

maschinenorientierte Sprache machine oriented language
(s. Maschinensprache)

Maschinenprogramm machine program
Programm in Maschinensprache.

Maschinenprogrammierung mit Crossassembler machine programming, crossassembler
Die Entwicklung von Programmen in Maschinencode auf einem bestimmten Rechnertyp, die dann auf einem anderen Computer ablaufen. Z. B. die Entwicklung von Programmen auf einem Großrechner und deren anschließende Übernahme auf einen Kleinrechner. Dieses Verfahren wird mit Hilfe eines Crossassemblers durchgeführt.

Maschinensprache machine language
Auf die interne Struktur einer DV-Anlage zugeschnittene Programmiersprache. Anwenderprobleme lassen sich mit

Maschinensprachen nicht aufgabenorientiert formulieren. Diese Instruktionen werden vom Rechner ohne Umwandlung durch Compiler oder Interpreter direkt ausgeführt.

Maschinenwortlänge machine word length
Die von einem Rechner zu einem bestimmten Zeitpunkt verarbeitbare Bit-Kapazität (Bit-Anzahl).

Maschinenzyklus machine cycle
Zeitdauer eines Datentransfers oder einer Teiloperation der Zentraleinheit. Maschinenbefehle umfassen mehrere Maschinenzyklen, von denen der erste als Abruf-(Fetch-)Phase bezeichnet wird.

Maske, IC mask, IC
Bei der Herstellung von integrierten Schaltungen (IC) verwendete Struktur, die man über lichtempfindlichen Fotolack anbringt. Diese Maske enthält ein der anzufertigenden Schaltung entsprechendes Muster aus geschwärzten und lichtdurchlässigen Stellen. Nach Belichtung und Ätzvorgängen lassen sich dann Dotierungen vornehmen.

maskenprogrammierbarer Festwertspeicher mask programmable read only memory
Speicherbaustein, dessen Inhalt unter Anwendung einer Maske permanent programmiert wird.

Massenspeicher mass storage device
Speichereinheit mit großem Aufnahmevermögen, die zur Bereitstellung von umfassenden Datenmengen eingesetzt wird und als externe Einheit an den Computer angeschlossen ist, wie z. B. Diskettenlaufwerke (Gegenstück: Arbeitsspeicher).

Master Planer
Programmpaket für Planungs- und Kalkulationsaufgaben im kaufmännischen Anwendungsbereich (Finanzplanung, Auswertung von Betriebsergebnissen etc.).

MatheMagic (CP/M)
Programmpaket für mathematische Aufgaben.

Matrixdrucker matrix printer
Bei diesem Druckertyp erfolgt die Abbildung der Schriftzeichen in Form einer Punktmatrix. Matrixdrucker sind auch Tintenstrahl- (inkjet), Nadel- und Thermodrucker.

Matrixzeichen matrix character
Aus einer Punktmatrix aufgebautes Zeichen.

maximale Datenübertragungsgeschwindigkeit peak data transfer rate
Übertragung von Daten über einen Übertragungskanal mit der höchstmöglichen Geschwindigkeit.

MByte
Abk.: 1 Million Byte

MCBF (Mean Cycles Between Failure)
Anzahl der fehlerfreien Operationen zwischen zwei Fehlern (z. B. Anzahl der fehlerfreien Tastenbedienungen bei einem Textsystem).

MDBS
Abk.: Micro Database System. Auf Mikrocomputern einsetzbares Codasyl-Datenbanksystem.

Mehrfachanweisung compound statement
In eine Zeile können mehrere Anweisungen geschrieben werden, die durch Anweisungszeichen – häufig Doppelpunkt – getrennt sind. Die wichtigsten Vorteile: schnelle Ausführung, hohe Anzahl der am Bildschirm darstellbaren Befehle, geringer Speicherbedarf. Nachteilig wirkt sich die geringere Übersichtlichkeit des Programms aus.

Mehrprogrammbetrieb multiprogramming
Paralleler Ablauf von mehreren Programmen. Hierzu werden spezielle Betiebssysteme mit Multiprogramming-Eigenschaften angeboten. Den einzelnen Programmen können entsprechend ihrer Rangordnung die erforderlichen Prioritäten zugeordnet werden.

Mehrzweckregister general register
Register, das unterschiedliche Operationen erledigen kann. Es dient z. B. zur Durchführung von Adressenänderungen, logischen Operationen, Rechenoperationen etc.

Menü menue
Am Bildschirm erscheinende Tabelle von Computerfunktionen, die dem Benutzer zur Auswahl angeboten werden. Durch Eingabe der Ziffer z. B., die der gewünschten Programmfunktion zugeordnet ist, läßt sich diese über die Tastatur aufrufen.

MICROSTAT
Programmpaket für Bereiche der deskriptiven Statistik mit integriertem Datenmanagement-System.

Mikrobefehl microinstruction
Für die internen Funktionsabschnitte der Zentraleinheit erforderlicher Befehl in binärer Darstellung.

Mikrocomputer microcomputer
Mikrocomputer bestehen grundsätzlich aus folgenden Baukomponenten: Zentraleinheit, RAM/ROM-Speicher und Ein-/Ausgabe-Einheiten. Als Programmiersprachen kommen z. B. PASCAL oder BASIC zum Einsatz, wobei eine ständige Ausweitung des Sprachenangebotes für Mikrocomputer zu verzeichnen ist. Die Kommunikation zwischen Bediener und Mikrocomputer erfolgt über Bildschirmeinheiten mit Eingabetastatur und Druckern für die Datenausgabe („Hardcopy"). Die externen Speichereinheiten sind meist Diskettenlaufwerke, Kassettenrecorder oder auch Magnetbandeinheiten.

Mikrocomputer-Anwendungen microcomputer application
Aufgrund ständig wachsender Preisvorteile erobern Mikrocomputer immer mehr Einsatzgebiete in den verschiedensten Bereichen von Wirtschaft und Industrie. Hier einige Beispiele: Textverarbeitung: Mikrocomputer automatisieren Korrespondenzaufgaben, helfen bei der Satzherstellung und verbinden die Textverarbeitung mit modernen Computertechniken. Prozeßsteuerung: Immer häufiger übernehmen Mikrocomputer Aufgaben aus der Meßdatenerfassung und dringen in Bereiche

vor, die früher ausschließlich eine Domäne der Minicomputer und Prozeßrechner waren. Kommerzielle Datenverarbeitung: Kleinbetriebe und Freiberufler wie auch die Fachabteilungen großer Unternehmen nutzen in zunehmendem Umfang die preiswerte DV-Leistung von Mikrocomputern.

Mikrocomputer-Bezugsmöglichkeiten microcomputer sales
Für Käufer von Mikrocomputern gibt es eine Reihe von Bezugsmöglichkeiten. Dazu gehören vor allem Geschäftsstellen des Herstellers, autorisierte und nichtautorisierte Fachhändler oder auch direkter Kauf im Herstellungsland.

Mikrocomputer-Leistungsfähigkeit computer performance capabilities
Die wichtigsten Faktoren für die Leistungsfähigkeit von Mikrocomputern sind:

a) Hochentwickelte Hardware- und Software-Komponenten, die sich flexibel an die aktuellen Bedingungen des Benutzers anpassen lassen (Bausteintechnik, modularer Aufbau) und ohne großen Aufwand ausbaufähig sind.
b) Leistungsfähige Programme (Compiler, Editoren, Anwendungsprogramme).
c) Qualität des Betriebssystems.

Mikrocomputer-Software microcomputer software
Die Gesamtheit der internen Steuerprogramme (Systemprogramme) einschließlich Anwendungssoftware. Anwendungsprogramme sind z. B. Textverarbeitung, Buchhaltung, während die interne Software aus Übersetzern (Compiler), Editorprogrammen, Testhilfen etc. besteht.

Mikro-Floppy micro floppy
Kunststoffscheibe (Diskette) mit geringem Durchmesser und enorm hoher Speicherkapazität (z. B. 3,5 Zoll, drei Megabyte Speicherkapazität). Als Aufnahmemedium kann Kobalt/Chrom dienen.

Mikroprogramm microprogram
Programm einer Zentraleinheit, das den Ablauf der Befehlsbearbeitung in dieser Zentraleinheit regelt. Das Mikroprogramm setzt sich aus einzelnen Mikrobefehlen zusammen. Zu den Aufgaben des Mikroprogramms gehören Speicherabruf, Entschlüsselung und Kontrolle der Ausführung von Befehlen.

Mikroprozessorbefehlssatz microprocessor instruction set
Der gesamte Befehlsvorrat eines Mikroprozessors. Hierzu gehören: arithmetische Befehle, Datentransportbefehle, logische Befehle, Sprungbefehle, Unterbrechungsbefehle, Befehle für Unterprogrammsprung.

Mikroprozessorelemente microprocessor slices
Mit Mikroprozessorelementen lassen sich Zentraleinheiten konzipieren, die den Anforderungen entsprechend aufgabenspezifische Wortlängen umfassen. Die einzelnen Bausteine bestehen aus 2- oder 4-Bit-Komponenten.

Mikroprozessor-Entwicklungssystem microprocessor development system
Für die Entwicklung von Mikroprozessoren konzipiertes DV-System. Das Mikroprozessorsystem ist für die Entwicklung von Hardware- und Softwarekomponenten ausgelegt. Dazu sind im System spezielle Routinen für die Programmerstellung verfügbar, während Hardwarefunktionen mit In-Circuit-Emulatoren simuliert werden.

Mikroprozessor-Monitor microprocessor monitor
Steuerprogramm (Betriebssystem) eines Computersystems.

MIL
Abkürzung für military (militärischer Bereich).

MILESTONE (CP/M, UCSD Pascal, Apple Pascal)
System zur Projektüberwachung mit den Netzplantechniken PERT und CPM.

Mini-Assembler mini assembler
Assembler ohne Möglichkeit der Angabe von symbolischen Adressen. Bei Assembler handelt es sich um eine maschinenorientierte Programmiersprache, die auch als Maschinensprache bezeichnet wird. Ein Assemblerbefehl entspricht genau einem Befehl nach der Übersetzung (Kompilation). Die Anzahl der übersetzten Befehle in höheren Programmiersprachen überschreitet die Anzahl der Assemblerbefehle um eine Vielfaches (s. auch Assembler).

Minicomputer minicomputer
Dialogorientierte (interaktive) Computersysteme der unteren Größenklasse (8-, 12-, 16-, 32-Bit-Worte). Früher hauptsächlich im Bereich Prozeßsteuerung eingesetzt, erobern Minicomputer zunehmend Anwendungsbereiche, die bisher den klassischen Großrechnersystemen vorbehalten waren. Minicomputer bieten Echtzeit-Betriebssysteme und ein breites Angebot an Programmiersprachen und Dienstprogrammen. Die Hardwareausrüstung umfaßt entsprechend den spezifischen Anforderungen einer Aufgabenstellung Zentraleinheit, Bildschirm und Tastatur sowie Drucker und Plattenspeicher.

Mini-Winchester
5½-Zoll-Festplatte vom Typ Winchester.

mischen merge
Zusammenführen von verschiedenen Dateien, die z. B. auf Disketten gespeichert sind, zu einer Datei in geordneter Folge. Für diese Aufgabe werden spezielle Mischprogramme zur Verfügung gestellt.

mittlere Integrationsdichte Medium Scale Integration (MSI)
Integrationsgrad einer integrierten Schaltung (IC) von ca. 50 bis 500 Gatterfunktionen auf einem Baustein (Chip).

mittlere Zeit zwischen Ausfällen medium time between failures (MTBF)
Die durchschnittliche Zeitdauer vom Ende einer Systemstörung bis zum Beginn einer erneuten Systemstörung.

mittlere Zugriffszeit average access time
Durchschnittliche Zeitdauer von der Befehlsauslösung bis zum Lesen eines Blockes.

Mixed-Hardware-Einsatz mixed hardware operation
Innerhalb eines Gesamtsystems der gleichzeitige Einsatz von Hardware-Komponenten unterschiedlicher Herstellerfirmen. Z. B. werden Zentraleinheit und periphere Geräte (Diskettenlaufwerk, Drucker etc.) von verschiedenen Anbietern geliefert.

MMU
Abk.: Memory-Management-Unit (Speicherverwaltungseinheit)
Baustein, der die Abbildung des logischen CPU-Adreßraums (CPU = Zentraleinheit) auf den physikalischen Adreßraum vornimmt. Die beiden Adreßräume werden zu einzelnen Seiten (feste Speichergrößen) aufgeteilt. Damit lassen sich mit Hilfe von Tabellen logische Verbindungen zwischen den physikalischen Speicherseiten herstellen.

Mnemonik, mnemonisch mnemonic
Verfahren zur Unterstützung des menschlichen Gedächtnisses. Der in Maschinensprache als „223" dargestellte Befehl „addiere" kann z. B. mnemonisch mit „ADD" codiert werden.

mnemotechnische Adresse mnemonic address
Symbolische Darstellung von Adressen, die ein unmittelbares Verstehen der aufgabenrelevanten Bedeutung der Adresse ermöglicht.

mnemotechnischer Assemblerbefehl, Maschinenbefehl mnemonic machine instruction
In symbolischer Schreibweise dargestellter Maschinenbefehl. Die symbolische Darstellung eines Befehls (z. B. LDA 0) wird von einer speziellen Routine in einen für die Zentraleinheit ablauffähigen Befehl umgesetzt.

mnemotechnischer Code mnemonic code
Darstellung eines in Maschinensprache dargestellten Befehls in einer für den Benutzer leicht verständlichen Schreibweise.

MNOS
Abk.: Metal Nitride Oxide Semiconductor (Halbleiter-Technik)

MODEM (MOdulator/DEModulator) MODEM (MOdulator/DEModulator)
Gerät zur Umwandlung von binären Informationen (und der Rückumsetzung) in übertragungsfähige Signale auf Fernsprechleitungen.

Modul, Baustein, Funktionseinheit module
In der Anwendungsprogrammierung werden Softwaresysteme in einzelnen Modulen (Bausteinen) konzipiert, die eine bedarfsgerechte Anpassung an aktuelle betriebliche Aufgaben ermöglichen. Das Modul ist Bestandteil eines größeren Modularsystems. Bei Systemprogrammen werden auch noch nicht ablauffähige Programmteile als Pro-

gramm-Modulen bezeichnet, d. h., diese Programmteile sind zwar übersetzt, müssen jedoch von einem Binder (Linker) in eine ablauffähige Form gebracht werden. Im Bereich der Hardware spricht man von Modulen, wenn es sich dabei um Funktionseinheiten (Baugruppenträger, Platinen etc.) handelt.

modular modular
Bezieht sich auf bausteinartig konzipiertes System (Software oder Hardware), das sich flexibel auf die speziellen Anforderungen des Benutzers „maßschneidern" läßt.

Modus mode
(s. Betriebsart)

Monitor monitor
a) Steuerprogramm (Betriebssystem) eines Computersystems
b) Datentyp der höheren Programmiersprache PASCAL
c) Bildschirmgerät.

Monitorprogramm monitor program
Betriebssystem, das die Benutzung eines Computers erst ermöglicht. Es verarbeitet z. B. einen eingegebenen Befehl, den Druck auf eine Taste, die Ausführung der Befehle, das Ansprechen der Disketteneinheit.

Monitor-ROM monitor ROM
Speicher, in dem der Monitor steht. ROM bedeutet Read Only Memory, d. h., aus diesem Speicher kann nur etwas gelesen, jedoch per Programm nichts darauf geschrieben werden. Das Monitorprogramm kann also nicht verändert werden.

Monitorsystem monitor system
Satz verschiedener Steuerprogramme eines Computers. Hierzu gehören z. B. Laderoutine, Diagnoseprogramm, Austestprogramme etc.

Mosaikdrucker matrix printer
(s. Matrixdrucker)

MOVE
Häufig verwendeter Befehl für Übertragung, Einschreiben oder Verschieben von Speicherdaten.

MOVE IT
Programm für den Transfer von Standard-CP/M-Dateien zwischen Computern.

MP/M MP/M (Multiprogramming control program for microprocessors)
Eine Version des CP/M-Betriebssystems, das Mehrbenutzer-Eigenschaften besitzt.

MP/M-86 (Intel 8086/8088)
16-Bit-Ausführung des MP/M II-Betriebssystems.

MP/M II (Z 80 oder Intel 8080)
Mehrbenutzerbetriebssystem (kompatibel mit CP/M).

MPU
Abk.: Micro Processor Unit (Mikro-Prozessoreinheit).

MSB
Abk.: Most Significant Bit (s. höchstwertiges Bit).

MSI
Abk.: Medium Scale Integration (s. mittlere Integrationsdichte).

M/Sort (CP/M)
Datensatz-Sortierprogramm für Systeme, die mit COBOL-80 arbeiten.

MTBF
Abk.: Mean Time Between Failures (mittlere Zeitdauer zwischen zwei Störungen).

MTTR
Abk.: Mean Time to Repair
Wert, der die durchschnittliche Instandsetzungszeit bei Reparaturen von Geräten angibt.

multiplex multiplex
Art der Datenübertragung, bei der verschiedene Sender einen Übertragungsweg gemeinsam benutzen. Die Daten werden anschließend nach der Übertragung entsprechend ihrer Zugehörigkeit wieder aufgesplittet.

Multiplexbetrieb multiplex mode
Betriebsart der Datenübertragung (s. multiplex).

Multitasking multi tasking
Die simultane Verarbeitung mehrerer (unabhängiger) Programme auf einem Computer.

muMATH
Programmiersystem für mathematische Funktionen mit hoher Komplexität.

muSIMP
Höhere Programmiersprache, speziell für halbnumerische und symbolische Anwendungen.

N

Nachrüstsatz add-on kit
Nachrüstbare Systemteile, die noch nach Installation des Systems integriert werden können.

Nadeldrucker wire printer
(s. Matrixdrucker)

Name eines Diskettenlaufwerks name of diskette drive
Jedem Diskettenlaufwerk muß ein bestimmter Name zugeordnet werden, wobei es sich hierbei meist um eine numerische Angabe handelt. Ist an den Computer nur ein Diskettenlaufwerk angeschlossen, ist die Angabe eines Namens im allgemeinen überflüssig. Mehrere Laufwerke erfordern jedoch ein gezieltes Ansprechen der gewünschten Laufwerkseinheit. Häufig werden die Namen bereits vom System vorgegeben.

Namen von Instruktionen (Befehlsnamen) names of instructions (instruction name)
Reservierte Worte, die beim Ausführen der Befehle für das System eine vordefinierte Bedeutung haben. Z. B. PRINT A ist in PRINT der Name der Instruktion, die dem System angibt, daß der Wert von A ausgedruckt werden soll.

Namen von Variablen name of variable
Jeder Speicherplatz kann mit einem Namen versehen und als Variable verwendet werden. Bei der Vergabe der Variablennamen muß man sich an bestimmte Regeln halten, z. B. Länge der Namen, Anfangsbuchstaben.

NBS
Abk.: National Bureau of Standard US-Behörde für Normung.

Nennleistung rated output
Vorgesehene Ausgangsleistung eines Geräts unter normalen Betriebsbedingungen.

Nennspannung rated voltage
Die für den einwandfreien Betrieb eines Gerätes vorgesehene Spannung.

Netzausfall power failure
Ausbleiben der Wechselspannungsversorgung. Verschiedene Computer sind mit einer speziellen Einheit verfügbar, die einen automatischen Wiederanlauf der Anlage nach einem Ausfall der Netzspannung ermöglicht.

Netzausfallschutz durch Batterien power fail battery backup
Batterien stellen bei Ausfall der Netzspannung die Stromversorgung sicher. Dies ist besonders wichtig für die Sicherung der in „flüchtigen" Speichern enthaltenen Daten.

Netzkomponenten network components
In einem Datenkommunikations-Netzwerk typische Komponenten sind Bildschirmterminal, Übertragungsleitungen, zentrale Rechner, Frontendrechner und Verarbeitungsrechner.

Netzlampe power-on indicator
Leuchtanzeige, die angibt, daß das System eingeschaltet bzw. ausgeschaltet ist.

Netzschalter power switch
Hauptschalter des Geräts, mit dem die

Netzspannung ein- bzw. abgeschaltet wird.

Netzwerk, Netz network
Datenkommunikation: Übertragungssystem aus Netzwerkkomponenten (Computer, Terminals, Controller), die mit Hilfe von Übertragungsleitungen miteinander kommunizieren.

Netzwerkebene network layer
Normempfehlung der Internationalen Organisation für Standardisierung (ISO) zu Steuerprotokollen. Regelt die Kontrolle des Informationsflusses zwischen den verschiedenen Komponenten eines DV-Netzwerks.

Netzwerkknoten network node
Hardwarekomponenten in einem Rechnernetzwerk.

Netzwerksystem, geschlossenes systems interconnection, closed
Zusammenschluß von Geräten eines bestimmten Herstellers. Geräte anderer Hersteller (z. B. externe Speichereinheiten) sind nicht anschließbar. DECNET z. B. ist ein geschlossenes Netzwerksystem.

Netzwerksystem, offenes systems interconnection, open
Ermöglicht den Zusammenschluß von Geräten unterschiedlicher Hersteller zu einem Datenkommunikationsnetz. Als offenes Netzwerksystem ist z. B. Ethernet konzipiert.

Neustart eines Programms program restart
Neustart liegt vor, wenn das Programm von Anfang an wieder durchlaufen wird und keine alten Werte verwendet werden.

nichtdruckende Steuerzeichen non-printing control character
Zeichen, die auf dem Drucker oder Bildschirm nicht zu sehen sind. Sie übernehmen Steuerfunktionen wie z. B. Vorschubsteuerung des Druckers oder Steuerung des Blinkens oder Nichtblinkens von Zeichen.

„niedrige" Programmiersprache low level language
Zu den „niedrigen" Programmiersprachen zählen die maschinenorientierten Sprachen, d. h. Sprachen, die die internen Strukturen einer DV-Anlage optimal nutzen und weniger Speicherplatz benötigen, für den Anwender jedoch schwieriger zu erlernen sind. Im Gegensatz hierzu bezeichnet man die problemorientierten Sprachen wie BASIC, PASCAL etc. als höhere Programmiersprachen.

niedrigstwertige Stelle LSD (Least Significant Digit)
Zahlenposition mit der niedrigsten Wertigkeit.

NKRO (N-Key-Roll-Over)
Eingabesicherung (Tastenverriegelung) bei elektronischen Tastaturen. Sorgt dafür, daß die gleichzeitige Bedienung von zwei Tasten keinen Eingabefehler zur Folge hat.

NMOS
Abk.: N-channel MOS. Halbleiter-Technologie.

Non-Impact-Drucker non impact printer
Drucker, bei dem das Schriftbild ohne Anschlag auf dem Druckpapier erzeugt

wird. Nach dem Non-Impact-Prinzip arbeitende Drucker sind z. B. Laser- und xerographische Drucker.

Notizblockspeicher scratchpad memory
Speicher, der für das Zwischenspeichern von Daten, die kurzzeitig verfügbar sein sollen, konzipiert ist.

NTSC-Chip NTSC chip
Baustein für Farbcomputer – amerikanische Farbnorm. Gegenstück zur deutschen PAL-Norm.

Nullkennzeichnung zero flag
Wird gesetzt, wenn bei einer Rechenoperation das Ergebnis Null ist.

Nullpunktfehler, Nullpunktabweichung zero error
Instrumentenfehler bei Nullanzeige.

Nullsetzen der Variablen zero setting of variable
Erfolgt durch Zuweisung einer 0 (Wertzuweisung). Sollen alle Variablen den Wert 0 erhalten, ist RESET erforderlich. Bei vielen Computern geschieht das durch Tastendruck.

Nullunterdrückung zero suppression
Beseitigung der links neben einer Realzahl (ganzen Zahl) stehenden Nullen.

Nullunterdrückung beim Speichern von Daten zero compression
Speicherungsverfahren zur optimalen Nutzung des verfügbaren Speichers. Dies geschieht durch Unterdrückung der für Rechenoperationen irrelevanten führenden Nullen bei Daten.

Nullzugriff zero access
Praktisch verzögerungsfreier Zugriff auf gespeicherte Daten.

numerische Array-Variable numeric array variable
Variable in einem Array, die nur numerische Werte, also Zahlen, enthalten darf.

numerische Steuerung NC (Numerical Control)
Automatische Steuerung von Arbeitsmaschinen, speziell Werkzeugmaschinen, mit Hilfe von Programmen, die sich auf Datenträger befinden können (Steuerlochstreifen) oder direkt im Computer in Form von festen Verdrahtungen realisiert sind.

numerische Steuerung mit Computer computerized numerical control (CNC)
Arbeitsmaschinen mit integriertem Rechner zur automatischen Steuerung.

numerische Variable numeric variable
Variable, die nur numerische Werte, also Zahlen, enthalten darf.

numerisches Tastenfeld numeric keypad
Separater Tastenblock auf der Eingabetastatur eines Bildschirmterminals für die Eingabe von Zahlen.

Nur-Lese-Speicher read only memory (ROM)
(s. Festwertspeicher)

O

OASIS
Für 8- und 16-Bit-Anlagen konzipiertes Betriebssystem. Arbeitsspeicher-Verwaltung bis 16 MB.

Objektcode, Maschinencode object code
Der durch das Übersetzen bzw. Assemblieren von Anwenderprogrammen erzeugte Maschinencode. Der Objektcode kann von der Zentraleinheit ohne weitere Umwandlung verarbeitet werden.

Objektprogramm object program
Durch einen Assembler oder Compilerlauf generiertes Programm in Maschinensprache.

Objektsprache, Maschinensprache object language
Objektsprachen sind das Ergebnis eines Computer- oder Assemblerlaufs. Die Befehle der Objektsprache sind binär dargestellt (s. Objektcode).

OCR-Formular OCR form
Formulare, die mit einem bestimmten Schriftraster ausgestattet sind. Die Rasterpfade dieses Grundmusters dienen bei der Beschriftung als Führungshilfe für alphanumerische Zeichen.

OCR-Leser OCR reader
OCR ist die Abkürzung für Optical Character Recognition. OCR-Leser dienen zur maschinellen Erfassung von standardisierten Schriften. OCR-Leser arbeiten seiten- und zeilenorientiert, wobei einige Geräte mit Eingabetastatur ausgestattet sind. Anwendungen sind Firmenausweise, Kreditkarten und Schecks, Zeitdatenerfassung etc. (s. OCR-Schrift).

OCR-Schrift OCR characters
OCR = Optical Character Recognition (standardisierte Schrift für maschinelle Lesegeräte). OCR-Schriften werden grundsätzlich unterteilt in Typ OCR-A und Typ OCR-B. OCR-A-Schriften bestehen aus Großbuchstaben und Sonderzeichen sowie Dezimalziffern. Die OCR-Schriften vom Typ B setzen sich zusammen aus OCR-A-Schriftzeichen plus Kleinbuchstaben.

ODER, Disjunktion OR
Logische Verknüpfung. Wahrheitstabelle:

Eingänge	Ausgang
0 0	0
0 1	1
1 0	1
1 1	1

OEM (Original Equipment Manufacturer)
OEM-Anbieter integrieren Produkte von Computerherstellern in eigene Erzeugnisse und liefern diese unter eigenem Namen.

Off-Line-Betrieb off-line operation
In dieser Betriebsart sind die externen Geräte eines DV-Systems nicht direkt mit dem Computer verbunden. Eingabe und Verarbeitung der Daten erfolgen nicht zum Zeitpunkt ihrer Erzeugung.

Off-Line-Verarbeitung off-line processing
Betriebsart, bei der die Geräte mit der DV-Anlage nicht direkt in Verbindung stehen.

oktal octal
Bezeichnet die Darstellung von Zahlen im Oktalsystem, d. h. auf der Basis 8 (s. Oktalziffer).

Oktalziffer octal digit
Für die Darstellung im Oktalsystem werden lediglich die Ziffern 0 bis 7 benötigt.

ONIX
Betriebssystem mit Eigenschaften für 16-Bit-Prozessoren. Bietet relativ einfache Anschlußmöglichkeiten für Großrechner.

On-Line on-line
Bezeichnet die direkte Verbindung von externen Geräten und Computer, d. h., die Verarbeitung der Daten erfolgt sofort nach ihrer Generierung. Bei der Prozeßsteuerung erfolgt die Verarbeitung der Daten im allgemeinen On-Line.

On-Line-System on-line system
(s. On-Line)

OP-Code op-code
Bei Assembler (Maschinensprache) der Teil der Maschineninstruktion, der angibt, um welche Instruktion es sich handelt.

Operand operand
Mit Operanden sollen die in einem Befehl angegebenen Operationen durchgeführt werden. Beispiel: In „3 − 2" sind die Zahlen „3" und „2" Operanden, während „−" die durchzuführende Operation angibt. Der Begriff Operand bezieht sich jedoch nicht nur auf arithmetische Operationen, sondern auch auf alle anderen Informationen, die für die Ausführung mit einem Befehl bereitstehen.

Operateur operator
Bedienungspersonal direkt am Großrechner. Aufgaben sind z. B.: Hochfahren des Systems (IPL-Initial Program Load), Einsetzen von Bändern und evtl. Platten (bei Verwendung von Wechselplatten), Überwachen des Betriebs, Fehlerbehebung, Stoppen und anschließender Neustart von Systemprogrammen. Operateure brauchen nicht unbedingt eine Programmiersprache zu beherrschen.

Operationsteil operation code
Befehlsteil, der angibt, welche Operation durchgeführt werden soll (z. B. Addition).

Operator operator
Symbole oder Buchstabenkombinationen, die die durchzuführenden Operationen angeben, z. B. „+" für Addieren, „OR" für Oder-Funktion.

Operator, logischer operator logic
Symbole oder Buchstabenkombination, die die durchzuführenden logischen Operationen angeben, z. B. „NOT" für nicht.

optische Zeichenerkennung
OCR (Optical Character Recognition)
Verfahren der automatischen Erkennung und Umwandlung von standardisierten Schriftzeichen durch Maschinen. OCR-Schriften sind auch von Menschen lesbar und werden auf den verschiedensten Standardformularen (z. B. Scheck) verwendet.

optischer Markierungsleser optical mark reader
Dateneingabegeräte, die auf Belegen Lochungen, Druck- oder Bleistiftmarkierungen abtasten und diese in Eingabe-Impulse für einen Computer umwandeln.

optoelektronische Chips optoelectronic chip
Bausteine, auf deren Basis in Zukunft Prozessoren mit Photonen arbeiten werden (anstelle von Elektronen). Gegenüber den heutigen Siliziumschaltungen sind weitaus niedrigere Schaltzeiten bei erhöhter Packungsdichte zu erwarten.

Organisation eines Festwertspeichers ROM organization
Die Organisation von ROM-Chips ist in Form einer Matrix realisiert. Die Adreßleitungen sind für die Selektion von Spalten und Zeilen in verschiedene Funktionsbereiche unterteilt. Dadurch erfolgt die Auswahl der gewünschten Speicherzelle.

Organisationsprogrammierer organization programmer
Programmierer, der aus einer allgemeinen Aufgabenstellung eine genaue Spezifikation (Pflichtenheft) entwickelt. Er entscheidet eventuell mit, auf welchen Computern und in welcher Sprache das Projekt realisiert wird. Gegebenenfalls schreibt er auch selbst die Anwendungsprogramme und testet diese aus.

Orgatechnik
Fachmesse für den Bürohandel.

Org./DV
Abk.: Organisation und Datenverarbeitung. Neuere Bezeichnung für die Unternehmensabteilung Datenverarbeitung (bei integrierter Organisationsabteilung).

Overlay overlay
Programmiertechnik, mit der im Hauptspeicher an der gleichen Stelle je nach Bedarf andere Programmteile stehen können. Wenn eine Routine nicht mehr benötigt wird, lädt die Overlayverwaltung eine andere Routine an diesen Platz. Durch diese Technik benötigt ein Programm bei der Ausführung weniger Platz (im Hauptspeicher) als auf dem Massenspeicher.

Overlay-Technik overlay method
Speicherbelegungstechnik, die durch Aufteilen von Programmen in einzelne Segmente und den damit verbundenen Überlagerungsmöglichkeiten dieser Programme eine optimale Nutzung von Speicherkapazitäten gewährleistet.

P

Packungsdichte package density
Anzahl der elektronischen Komponenten pro Raumeinheit. Aufgrund der Fortschritte in der Halbleitertechnologie kann z. B. auf einer einzigen Leiterplatte (Steckkarte) ein kompletter Computer untergebracht werden.

Packungsdichte von Daten
packing density of data
Bezeichnet die speicherbare Datenmenge (Speicherkapazität).

Paging, Ein-/Auslagern von Seiten paging
Softwaretechnik, bei der nur die im Augenblick für die Bearbeitung benötigten Seiten vom externen Speicher in den Hauptspeicher des Computers geholt werden. Ergebnis: Optimale Nutzung des verfügbaren Speicherraums.

Paging-Rate pagingrate
Im Rahmen von Pagingtechniken die Anzahl von Aus-/Einlagerungsvorgängen von Programmen zwischen externen und internen Speichern pro Zeiteinheit (s. Paging).

Paket package
Für bestimmtes Aufgabengebiet konzipierter Satz von Programmen.

PAL-Chip PAL chip
Baustein für Farbcomputer – deutsche Farbnorm. Amerikanisches Gegenstück: NTSC.

Papiervorschub paper feed
Bei einem Drucker der Transport des Druckpapiers in Vorwärtsrichtung.

Paralleldrucker parallel printer
Dieser Druckertyp verwendet ein Druckverfahren, bei dem die gesamte Zeile auf einmal gedruckt wird.

Parallelübertragung parallel transmission
Übertragungsart, bei der die Übertragung eines Zeichens dadurch erfolgt, daß die Bits auf mehreren Kanälen gleichzeitig transportiert werden.

Paritätsbit parity bit
Bei der Paritätsprüfung zusätzliches Bit, das an die Reihe der Informationsbits angefügt wird und zusammen mit diesen die ungerade bzw. gerade Parität ergibt (s. Paritätskontrolle).

Paritätskontrolle parity check
Verfahren zur Datensicherung. Einer Folge von Informationsbits wird ein weiteres Bit hinzugefügt – das Paritätsbit. Zusammen mit dem Paritätsbit ergibt dann diese Bitfolge einen geraden oder ungeraden Wert von binären Einsen in der betreffenden Bitreihe. Dieser Wert kann vereinbarungsgemäß festgelegt werden. Damit lassen sich zum Beispiel Fehler bei der Informationsübertragung feststellen, indem Paritätsbits bzw. -zeichen neu gebildet und auf Abweichungen verglichen werden. Je nachdem, ob die Prüfung spalten- oder zeilenweise erfolgt, spricht man von Längs- bzw. Querparität.

PASCAL
Höhere Programmiersprache von N. Wirth.

Pascal-Sprachelemente Pascal capabilities
Zu den Möglichkeiten der Program-

miersprache Pascal gehören Standardfunktionen (COS, EXP, LN, SQR, SIN, ABS, SQRT, ARCTAN, TRUNC, ROUND). Standardtypen (BOOLEAN, REAL, CHAR, INTEGER). Prozeduren, Funktionen Programmablaufsteuerung (WHILE, REPEAT; IF, FOR, CASE). Strukturierte Datentypen (RECORD, ARRAY).

Pasro
Abk.: Pascal for Robots
Programmiersprache für den Einsatz von Industrierobotern. Die Basis für die Entwicklung von Pasro bildet die Programmiersprache Pascal. Sie enthält neben den Sprachelementen von Pascal (s. Pascal-Sprachelemente) weitere Funktionen zur Steuerung von Roboterbewegung und Peripheriegeräteanschlüssen.

PCM-Anbieter plug compatible manufacturer
Hersteller von Systemen und Geräten, die mit anderen Systemen steckerkompatibel sind (s. steckerkompatibel).

PEARL PEARL (Processor and Experiment Automation Realtime Language)
Auf der Grundlage von BASIC konzipierte höhere Programmiersprache. Wie schon aus der Bezeichnung hervorgeht, wurde PEARL speziell für Aufgabenlösungen im Bereich der Prozeßsteuerung entwickelt.

PEEK
Befehl zum Lesen der angegebenen Speicherstelle (BASIC). Damit können Speicherstellen mit vorgegebener Bedeutung abgefragt werden (s. auch POKE).

Performance-Messung performance test
Die Messungen geben an, wie gut die Performance ist. Darunter versteht man, wie effektiv und wie geschickt die einzelnen Betriebssystemkomponenten zusammenspielen und wie gut die Anwendungen in dieses System passen. Die Performance wird zu einem wesentlichen Teil dadurch gesteuert, daß die Komponenten mit unterschiedlichen Prioritäten belegt werden. Durch die Performace-Messung kann deutlich werden, daß ein Programm alle anderen Programme oder auch spezielle Geräte blockiert, die es selbst nicht benötigt.

Peripherieanschluß peripheral connection
Möglichkeit, externe Geräte wie z. B. zusätzliche Speicher oder Drucker anzuschließen.

Peripheriegerät peripheral device
An die Zentraleinheit eines Computers angeschlossene Geräte – im allgemeinen über Steuereinheiten – wie z. B. Bildschirmeinheiten, Drucker, Diskettenlaufwerke.

Peripherie-Mix peripheral mix
Fachjargon: Anschluß von Geräten unterschiedlicher Hersteller (Magnetbandlaufwerk, Disketteneinheit etc.) an ein Computersystem.

peripherer Schnittstellenadapter peripheral interface adapter (PIA)
PIAs dienen zur Adaption von externen Einheiten an den Mikroprozessor. Bidirektionale Datenbusse steuern im

allgemeinen den Datentransfer zwischen Mikroprozessor und Adapter.

permanenter Speicher permanent memory
Die Informationen in diesem Speichertyp werden auch bei einem Ausfall der Versorgungsspannung nicht zerstört.

Personal-Computer Personal Computer
Äußerst preisgünstige Computersysteme, die als Minimalkonfiguration Zentraleinheit (CPU) und Bildschirmeinheit mit Eingabetastatur umfassen. In der Praxis kann auf den Anschluß von externen Einheiten, wie Drucker und Massenspeicher (Disketten-, Platten-, Magnetbandeinheiten) nicht verzichtet werden. Personalcomputersysteme arbeiten derzeit im allgemeinen mit einem 8-Bit-Prozessor und bieten Speicherkapazitäten bis etwa 64 KB. 16-Bit-Prozessoren mit den damit verbundenen höheren Arbeitsgeschwindigkeiten und Speicherleistungen sind bereits verfügbar, 32-Bit-Prozessoren in Entwicklung. Einsatzbereiche umfassen Hobby- und Heim-Anwendungen sowie professionelle, betriebliche Aufgaben. Anwendergruppen von Personal-Computern sind z. B. Selbständige, wie Wirtschaftsprüfer, Anwaltskanzleien, Arztpraxen, Journalisten sowie Abteilungen in Unternehmensorganisationen. Hinzu kommen die vielfältigen Möglichkeiten im privaten Bereich.

Personaldatensystem personal data system
Informationsbasis, die aktuelle Daten für Entscheidungsprozesse im gesamten betrieblichen Personalwesen liefert.

Hierzu gehören z. B. Personalplanung, Lohn-/Gehaltsabrechnung, betriebsinterne Schulung, Sozialwesen und Stellenplanung. Mit einem Personaldatensystem lassen sich in Sekunden Name und Adresse sowie andere personenbezogene Daten eines Mitarbeiters am Bildschirm abrufen, bzw. verändern. Diese umfassenden Zugriffsmöglichkeiten auf Informationen im persönlichen Bereich erfordern umfassende Sicherheitsmaßnahmen gegen Mißbrauch durch unberechtigten Zugriff auf vertrauliche Daten.

Pfeiltasten arrow keys
Tasten, mit denen der Cursor am Bildschirm bewegt werden kann (s. Aufbereitungs-Pfeiltasten).

Pflegbarkeit maintainability
Eigenschaft von Programmen, die für die Qualitätsbewertung eines Softwaresystems von Bedeutung ist. Beschreibt die Möglichkeiten zur Fehlerbeseitigung und die Aktualisierungsfähigkeiten eines Programms.

Pflege von Programmen (auch Wartung) maintenance of programs
Anwendungsprogramme, die über eine längere Zeit im Einsatz sind, erfordern im allgemeinen Änderungen (z. B. bei Gehaltsprogrammen Anpassung an neue Steuersätze). Diese Änderungen gehören zur Programmpflege. Außerdem können sich Programmfehler von weniger oft genutzten Funktionen erst zu einem späteren Zeitpunkt herausstellen und im Rahmen der Programmpflege beseitigt werden. Im Idealfall erfolgt die Wartung durch den Program-

mierer, der das Programm auch geschrieben hat. Ist das nicht möglich, muß sich ein Programmierer anhand der Dokumentation so weit in das Anwendungsgebiet einarbeiten, daß er die Programmpflege selbst durchführen kann.

physikalische Ebene physical layer

Normempfehlung der Internationalen Organisation für Standardisierung (ISO) zu Steuerprotokollen. Die physikalische Ebene definiert die elektrischen, mechanischen und funktionellen Eigenschaften von Übertragungsleitungen.

physische Datei physical file

Datei einer Datenbank, in der Datensätze enthalten sind. Im allgemeinen besitzen die Sätze einer physischen Datei feste Länge.

PILOT-Sprache

Einfach zu erlernende Programmiersprache für computerunterstützten Unterricht.

PL/1 PL/1 (Programming Language One)

Vor allem auf Großrechnern verwendete höhere Programmiersprache. PL/1 wurde von IBM auf der Basis von Elementen aus ALGOL und COBOL entwickelt.

PlannerCalc

Programmpaket für Finanzplanung und Kalkulation. Auch für Anwender ohne Programmierkenntnisse konzipiert.

Platine board

Leiterplatte, auf der sich gedruckte Schaltungen befinden.

Platinengehäuse card cage

Baugruppenträger (Rahmengestell), das zur Aufnahme der einzelnen Leiterplatten verwendet wird.

Plattenbetriebssystem disk operating system (DOS)

Betriebssystem, das einen Teil seines Systems auf Magnetplatte speichert. Vorteile: vereinfachte Systembedienung und hohe Verarbeitungskapazitäten für Programmierung aufgrund von Paging-Möglichkeiten (Ein-/Auslagern von Programmen) und segmentiertem Laden. Optimale Nutzung des verfügbaren Arbeitsspeichers.

Plattendatei disk file

Auf Speicherplatten sequentiell oder wahlfrei angeordnete Dateien, wobei für den Datenabruf sehr kurze Zugriffszeiten erreicht werden.

Plattenlaufwerk disk drive

Externes Speichergerät, das als Speichermedium Platten verwendet. Plattenlaufwerke arbeiten z. B. mit Plattenkassetten, Plattenstapel oder Festplatten. Das Aufnahmevermögen für die Informationsspeicherung beträgt pro Speichermedium und entsprechend der jeweiligen Ausführung ca. 4 bis 25 Millionen Byte. Die Daten werden im wahlfreien Zugriff (Direktzugriff) von der Platte gelesen. Dies geschieht mit Hilfe von Magnetköpfen (Schreib-Lese-Köpfe).

Plattenspeicher disk storage

Externe Speichereinheiten, die Magnetplatten (Festplatten) als Speichermedium verwenden. Vorteile dieser Großraumspeicher sind z. B. schneller Datenzugriff oder optimale Nutzung des Arbeitsspeichers durch Auslagerung von Betriebssystemteilen auf Platte.

Plattenstapel disk pack
Aus mehreren Platten bestehendes Speichermedium, das in einem hermetisch abgedichteten Gehäuse untergebracht ist und über einen Haltegriff aus dem Plattenlaufwerk eingesetzt bzw. herausgenommen wird.

PL/I–80 (CP/M)
Softwarepaket aus Programmbinder (Linker) Compiler und Standardprozedur-Bibliothek.

PL/M PL/M (Programming Language Microprocessor)
Ein „Subset" der Programmiersprache PL/1. Diese Programmiersprache ist jedoch mit weniger Datentypen ausgestattet als PL/1. PL/M-Compiler werden vorwiegend für Intel-Mikroprozessoren und Entwicklungssysteme angeboten.

PL/M Plus PL/M plus
Erweiterte Version der PL/M-Sprache von National Semiconductor. Diese höhere Programmiersprache für Mikroprozessoren von PL/M ist mit einer Reihe von zusätzlichen Instruktionen zur Bit-Manipulation ausgestattet.

Plotter plotter
An einen Rechner anschließbare Ausgabegeräte, die zur Erstellung von Linienzeichnungen verwendet werden. Im allgemeinen lassen sich diese graphischen Darstellungen auch mit erläuternden Beschriftungen versehen. Die Ansteuerung der gewünschten Darstellungspositionen erfolgt mit Hilfe von X-Y-Koordinaten und Schrittmotoren. Viele Plottergeräte sind mit einem eigenen Mikroprozessor ausgestattet, der den Rechner durch die Aufteilung der Arbeitsaufgaben beträchtlich entlasten kann.

PMOS
Abk.: P-channel Metal Oxide Semiconductor. Halbleitertechnik.

POKE
Der Befehl POKE (Programmiersprache BASIC) setzt die angegebene Speicherstelle (Länge 1 Byte) auf einen bestimmten anzugebenden Wert zwischen 0 und 255. Speicherstellen können eine vorgegebene Bedeutung haben, z. B. Art des Zeichensatzes, Modus des Bildschirms (s. auch PEEK).

Polling, serielles
Programmäßiges Abfragen von Bildschirmen oder anderen Ein-/Ausgabegeräten, ob sie etwas an die Zentraleinheit senden. Erfolgt das Polling seriell, so wird immer in derselben Reihenfolge nacheinander abgefragt, jedoch nicht 2 Geräte gleichzeitig.

Portabilität portability
Bezeichnet die Einsatzflexibilität von Softwaresystemen, d. h. Übertragbarkeit auf unterschiedliche Arten von Computersystemen mit minimalem Änderungsaufwand an diesen Programmen.

POS-Terminal pos terminal
Kassenterminals (Handels- und Einzelhandelsunternehmen), die frei programmiert werden können und einen Arbeitsspeicher bis etwa 512 KByte besitzen.

Power-on-Reset power-on reset
Automatisches Nullsetzen von Systemfunktionen bei Einschalten der Versorgungsspannung.

Power-Up-Test power-up test
Automatische Überprüfung von Systemfunktionen beim Einschalten der Versorgungsspannung.

Präsentationsebene presentation layer
Normempfehlung der Internationalen Organisation für Standardisierung (ISO) zu Steuerprotokollen. Regelt die Umsetzung von Codes, Formaten und Sprachen unterschiedlicher Komponenten eines Netzwerkes.

Praxis-Computer medical computer
Für Arztpraxen konzipiertes Computersystem, das Abrechnungs-, Verwaltungs- und Informationsaufgaben übernimmt (Korrespondenz, Patientendatei etc.).

prellen bounce
Beim Öffnen oder Schließen eines mechanischen Schaltelements ein nicht erwünschter Mehrfachkontakt, der durch eine Entprellvorrichtung ausgeschaltet werden kann.

Premium System (Apple II)
Erweiterungspaket für den Apple II.

preprozessor preprocessor
a) Systemprogramm, das vor der Übersetzung (compilation) eines Programms angewendet wird. Das Programm enthält Preprozessor-Befehle, die Anfangswerte für Variablen festsetzen, Programm-Moduln hinzufügen oder durch Abfrage von Bedingungen Programmteile nicht übersetzen. Der Preprozessor dient zur Auswahl von bestimmten Teilen aus einem Programmpaket, die anschließend übersetzt werden. Eine weitere Aufgabe ist das Hinzufügen von Datenstrukturen oder Programmteilen, die von vielen Programmen verwendet werden.
b) Systemprogramm, das als Eingabe ein übersetztes und ausführbares Programm besitzt. Das Programm hat formell (syntaktisch) zu prüfen, ob das Programm fehlerfrei ist. Ausgabeergebnisse sind: eine Variable wurde gelesen, bevor ihr ein Wert zugeordnet ist; in einem Programm hat eine Variable andere Eigenschaften als im Hauptprogramm.

Primärdaten primary data
Die in einer Datenbank enthaltenen Datensätze des Anwenders, die durch logische Gesichtspunkte miteinander verknüpft sind (s. Sekundärdaten).

Primärprogramm source program
Ein Programm, das in einer höheren Programmiersprache oder in einer Assemblersprache erstellt wurde, und noch eine Umwandlung mit Hilfe eines Übersetzungsprogramms (Compiler/Interpreter) in die Maschinensprache des Computers erfordert.

PRINT
Häufig verwendeter Befehl für die Ausgabe von Informationen am Drukker.

Priorität priority
Dringlichkeit eines Ereignisses. Bei der

Interruptverarbeitung z. B. können Unterbrechungsanforderungen von Programmen an die CPU nach dem Grad ihrer Dringlichkeit bearbeitet werden.

Programmablaufplan program flow chart
Darstellung des genauen Arbeitsablaufs eines Programms mit genormten grafischen Sinnbildern.

Programmbibliothek program library
(s. Bibliothek)

Programm-Definition program definition
Befehl, der eine Variable mit Größe, Namen und Typ festlegt.

programmierbare logische Anordnung programmable logic array (PLA)
Herstellerprogrammierte Schaltung (IC).

programmierbarer Festwertspeicher PROM (Programmable Read Only Memory)
Speichertyp, bei dem Informationen nach erfolgter Programmierung nicht verändert werden können. Die im allgemeinen vom Anwender programmierten PROMs werden deshalb vorwiegend für die Aufnahme von Programmen verwendet, die zur Steuerung der internen Rechnerfunktionen dienen.

programmierbarer peripherer Ein-/Ausgabebaustein programmable peripheral interface (PPI)
Mit der Zentraleinheit verbundene programmierbare Einheit zur Bewältigung von Ein- und Ausgabeoperationen.

programmierbarer Übertragungsschnittstellen-Baustein programmable communication interface (PCI)
Einheit für den seriellen Transport von Daten. Der direkt mit der Zentraleinheit verbundene PCI wandelt parallele Daten in serielle Daten und serielle in parallele Daten um.

Programmierfehler program fault
Bei der Entwicklung von Programmen entstandener Fehler, der einen reibungslosen Ablauf des Programms verhindert.

Programmiergerät programmer
Gerät für das Programmieren von Festwertspeichern (ROM), deren Inhalt elektrisch geändert werden kann.

Programmiersprache, problemorientierte language problemoriented
Mit problemorientierten Sprachen, die auch als höhere Programmiersprachen bezeichnet werden, lassen sich Aufgaben des Anwenders in einer Schreibweise formulieren, die den spezifischen Merkmalen einer Aufgabenstellung angepaßt ist. Problemorientierte Programmiersprachen sind z. B. COBOL, FORTRAN, PASCAL, BASIC. Für die Umsetzung in eine für den Rechner verständliche Sprache benötigt man hierzu sog. Compiler oder Interpreter. Gegenstück: maschinenorientierte Sprachen, Assembler (s. Maschinensprache).

Programmierung programming
Entwicklung von Programmen für eine DV-Anlage, d. h., die Aufgaben werden in einer Sprache formuliert, die der Rechner verstehen kann. Die Programmierung erfolgt im allgemeinen mit höheren Programmiersprachen, wie z. B. PASCAL, BASIC, COBOL, FORTRAN oder mit maschinennahen Sprachen (Assemblersprachen).

Programmierung in Maschinensprache machine language programming
Programmierung, die speziell auf die spezifischen Anforderungen einer DV-Anlage ausgerichtet ist und ein hohes Maß an speicherwirtschaftlicher Nutzung des Computers aufweist. Vorteil: kurze Ausführungszeiten und optimale Speicherplatznutzung. Nachteil: Gegenüber der Programmierung mit höheren Programmiersprachen längere Programmentwicklungszeiten.

Programmkopf program head
Teil eines Programmaufbaus im Rahmen der Software-Erstellung. Der Programmkopf enthält z. B. nähere Angaben zu Programmautor, Programmiersprache, Konfigurationsmerkmale.

Programmlauf program run
Syn.: Programmausführung. Für das Ausführen der Programme müssen diese in den maschinennahen Code umgewandelt sein.

Programmqualität program quality
Qualitätsmerkmale für Programme sind z. B. Robustheit, Testfähigkeit, Zuverlässigkeit, Wartungsmöglichkeiten sowie Anpassungsfähigkeit (etwa bei betrieblichen Erweiterungen).

Programmschalter program switch
Schalter, die programmgesteuert bestimmte Funktionen (z. B. Darstellungsarten) aktiv oder inaktiv steuern.

Programmschleife program loop
Mehrmaliges Durchlaufen einer Befehlsfolge, bis die gewünschte Aufgabe erfüllt ist. Die Schleife schließt mit einem bedingten Sprungbefehl ab, der bis zur Problemlösung auf den Schleifenanfang verzweigt.

Programmschritt program step
Teil eines Programms, der aus ein oder mehreren Befehlen besteht und eine bestimmte Aufgabe übernimmt (s. Unterprogramm).

Programmsegmente, Verbindung program segments, linking
Programmsegmente (in sich abgeschlossene Programmteile) können, z. B. mit Hilfe des Kommandos LINK, zu einem Programm zusammengefügt, d. h. gebunden werden.

Programmspeicher program storage
Speicher zur Aufnahme von Softwareprogrammen.

Programmsprachen-Übersetzer language converter
(s. Kompilierer)

Programmstatuswort PSW (Program Status Word)
(s. Programmzustandswort)

Programmunterbrechung program interrupt
Anhalten eines Programms z. B. mit Hilfe der STOP-Taste oder einer anderen dafür definierten Taste. Der Programmablauf kann unverändert fortgesetzt werden.

Programmverzweigung program jump
Verlassen des sequentiellen Programmablaufs und Fortsetzung der Ausführungen an einer anderen als der nächstfolgenden Stelle im Programm.

Programmzähler program counter
Im Programmzähler ist die Speicheradresse des Befehls enthalten, der als nächster Befehl ausgeführt werden soll.

Programmzustandswort program status word
Z. B. bei der Interrupt-Verarbeitung benutztes Wort im Maschinencode, das über den aktuellen Zustand einer Computeroperation informiert.

Prompt prompt
(s. Anforderungszeichen)

Proportionalschrift proportional spacing
In der Textverarbeitung verwendete Schrifttypen, bei denen die Abstände zwischen den einzelnen Zeichen entsprechend der Typenbreite variierbar sind und somit ein gut lesbares Schriftbild ermöglichen.

Protokollebene protocol layer
Steuerprotokolle für die Datenkommunikation sind in verschiedene Ebenen unterteilt. Diese Ebenen bestimmen auch die „Intelligenz" von Protokollen, d. h. je mehr Ebenen ein Protokoll besitzt, desto einfacher die Bedienung. Die Internationale Organisation für Standardisierung (ISO) hat entsprechende Normenvorschläge unterbreitet. Die Transportebene z. B. regelt die Übertragung von Nachrichten zwischen Datenstationen (s. physikalische Ebene, Datenverbindungsebene, Netzwerkebene, Transportebene, Sitzungsebene, Präsentationsebene und Applikationsebene).

Prozessor processor
Kernstück und Steuereinheit des Computersystems (s. Zentraleinheit).

Prozeßrechner process control computer
Ein zur Steuerung von technischen, physikalischen oder chemischen Prozessen eingesetzter Computer mit Echtzeitverarbeitung. Die Überwachung der ablaufenden Prozesse erfolgt mit Hilfe von externen Einheiten zur Meßwerterfassung und Steuerung.

Prozeßsteuersprache process control language
Für Prozeßsteuerungsaufgaben entwickelte Programmiersprache mit speziellen Erweiterungen für Echtzeitverarbeitung. Eine bekannte Sprache für Prozeßsteuerung ist PCL.

Prozeßsteuerung process control
Rechnergesteuerte Überwachung von technischen, chemischen oder physikalischen Prozessen mit Hilfe von Meßwerterfassungsgeräten und Steuergliedern. Die hohen Anforderungen an die

Reaktionsfähigkeit eines Systems verlangen im allgemeinen Echtzeitverarbeitung der Daten.

Pseudovariable dummy
Eine Variable (veränderbare Speicherstelle), die keinen eigenen Speicherplatz belegt und Teil eines bestehenden Bereiches ist.

Puffer buffer
Speicherbereich zur vorübergehenden Aufnahme von Daten, z. B. für den Ausgleich der unterschiedlichen Arbeitsgeschwindigkeiten zwischen Computer und externen Geräten (z. B. Disketteneinheit, Drucker).

Punktmatrix dot matrix
Punktraster auf dem Bildschirm, mit dem Buchstaben, Zahlen, Sonderzeichen und andere Symbole dargestellt werden.

Punktmatrixdrucker dot matrix printer
Das Schriftbild wird bei Punktmatrixdruckern durch die Aktivierung von Nadelstiften einer Punktmatrix generiert. Im Gegensatz dazu gibt es Druckereinheiten, die mit festen Schrifttypen arbeiten.

Q

Qualitätskontrolle quality control
Maßnahmen zur Qualitätssicherung eines Produktes.

Quarz (SiO_2) quartz
Mineral mit speziellen thermischen und elektrischen Eigenschaften. Bei triagonaler Kristallisation hohe Resistenz gegen chemische und mechanische Zerstörung. Applikation z. B. als Schwingquarz.

Quarzoszillator quartz oscillator
Die Frequenz des elektronischen Oszillators wird determiniert durch die Frequenz des benutzten Quarzes.

Quellprogramm source program
Das von einem Computer zu übersetzende Programm. Aus dem Quellprogramm entsteht nach dessen Kompilierung das Objektprogramm, das im allgemeinen im Maschinencode generiert ist.

Quellsprache source language
Assemblersprache oder höhere Programmiersprache (z. B. PASCAL), die in den Maschinencode des Rechners übersetzt werden muß.

Quellsprachen-Übersetzung source language translation
Umwandlung eines in einer bestimmten Programmiersprache geschriebenen Programms in ein Programm mit anderer Programmiersprache. So wird das in einer höheren Programmiersprache erstellte Programm, wie z. B. FORTRAN, in den Maschinencode eines Computersystems transformiert.

Query query
Anforderungen an eine Datei, Informationen nach vorgegebenen Kriterien abzurufen (z. B. Abruf aller Konten mit einem Guthaben unter 1500 DM).

Querysprache query language
Querysprachen ermöglichen die komfortable Kommunikation mit Datenbanken. Mit leicht erlernbaren Kommandos, die weder Programmierkenntnisse noch spezielle Kenntnisse einer Datenbank voraussetzen, lassen sich z. B. Daten abrufen, einfügen, ändern oder löschen.

Quickscreen (CP/M)
Maskengenerator mit Programmen. Erfassung, Anzeige und Modifizierung von Daten.

Quittierung acknowledge
Bestätigung für den Empfang eines Signals.

Quittungsbetrieb handshaking
Art der Informationsübertragung, bei der der Empfang von Daten im allgemeinen durch ein „acknowledge" bestätigt wird. Der Sender kündigt die Übertragung z. B. durch „data ready" an.

R

RAM, Speicher mit wahlfreiem Zugriff, Schreib-/Lesespeicher
RAM (Random Access Memory) Speicher, der das Lesen und Einschreiben von Daten erlaubt. Die im Speicher enthaltenen Daten sind modifizierbar. Es gibt dynamische und statische Schreib-/Lesespeicher.

RAM-Auffrischoperation RAM refresh operation
Durch die Auffrischoperation werden die Daten immer wieder neu in den dynamischen RAM-Speicher eingeschrieben, um einen Datenverlust zu vermeiden.

RAMCARD (Apple II)
16-Byte-Steckkarte für Speichererweiterungen des Apple II oder Apple II plus auf 56 KByte.

Raster-Display-Technik grid display method
Verfahren zur Bild- und Graphikdarstellung. Die in einem Bildspeicher enthaltenen Informationen werden zyklisch gelesen und Punkt für Punkt am Bildschirm dargestellt.

Realzeit-Verarbeitung real-time operation
(s. Echtzeit)

rechenintensiv number crunching
Bezieht sich auf Aufgabenstellungen mit hohem Rechenaufwand, wie sie z. B. in technisch-wissenschaftlichen Bereichen anfallen. Gegenstück: E/A-intensiv.

Rechenprozeß, Task computer process, task
Bezeichnet grundsätzlich eine komplette Aufgabenstellung, die mit Hilfe von Programmsegmenten oder ganzen Programmen gelöst wird.

Rechenwerk arithmetic logic unit (ALU)
(s. arithmetisch-logische Einheit)

Rechner, Computer, EDV-Anlage computer
Auf Digital- oder Analogbasis arbeitende Rechenanlage, deren Operationen programmgesteuert bzw. automatisch ablaufen.

Rechnerfamilie computer family
Miteinander kompatible Rechner meist unterschiedlicher Größenordnung, deren Maschinencode identisch ist. Sie arbeiten im allgemeinen mit den gleichen Peripheriegeräten.

rechnergestützte Arbeitsplanung CAM computer aided manufacturing (CAM)
Programmentwicklung für Anwendungen im Bereich numerisch gesteuerter Werkzeugmaschinen. Hinzu kommen Aufgabenstellungen im Vorrichtungs- und Werkzeugbau.

rechnergestützte Sprachübersetzung computer controlled language translation
Übersetzung von Textmengen aus einer natürlichen Sprache (Ausgangssprache) in eine andere natürliche Sprache (Zielsprache). Die von Übertragungssystemen gelieferten Ergebnisse müssen im allgemeinen vom Übersetzungs-

fachmann nochmals überarbeitet werden, wobei es sich bei den Ausgangstexten meist um Texte mit einfacher Sprachstruktur handelt.

rechnergestütztes Entwickeln und Konstruieren computer aided design

Einsatz von Rechnersystemen für aktive Konstruktionsarbeit. Der Bildschirm dient dem Konstrukteur sozusagen als Reißbrett, wobei die benötigten Informationen für Berechnungen sowie graphische Daten von einer Datenbank abgerufen werden können.

rechnergestütztes Lernen computer aided learning
(s. computerunterstütztes Lernen)

Rechtspfeil right arrow
Taste, mit der der Cursor am Bildschirm nach rechts bewegt wird.

Recovery-System recovery system
Programmsystem zur Sicherung und Wiederherstellung von Datenbanken. Dazu gehören Zugriffsprotokollierung, Sicherungskopien und damit verbundene Rekonstruktionsmöglichkeiten von Vorgängen.

recursive Statement recursive statement
Ein Unterprogramm (Subroutine), das so programmiert ist, daß es sich selbst aufrufen kann und trotzdem ordnungsgemäß zum aufrufenden Programm zurückkehrt. Recursive Statements dürfen keine Datenfelder enthalten. Sollten Datenfelder notwendig sein, müssen sie bei jedem Aufruf neu generiert werden.

Redundanz redundancy
Beim Bau von technischen Geräten die Realisierung von zusätzlichen Funktionen, mit denen die für einen normalen Betrieb des Geräts erforderliche Anzahl von Funktionen überschritten wird.

Redundanzprüfung redundancy check
Unter Verwendung von Prüfbits (Paritätsbits) durchführbare Datenprüfung zur Erkennung von Fehlern, die die vorhandene Redundanz der Informationen (mehr Bits zur Informationsdarstellung als erforderlich) nutzt.

reentrant Programm reentrant program
Ein Programm, das gleichzeitig von mehreren anderen Programmen aufrufbar ist. Dazu ist es notwendig, daß das Programm inhaltlich nicht verändert wird. Datenfelder dürfen also nicht im Programmteil stehen; sie werden frühestens beim Aufruf dieses Programms zugeordnet und gelten nur für diesen Aufruf. Betriebssystemprogramme sind grundsätzlich reentrant geschrieben, da alle Benutzer gleichzeitig die Möglichkeit haben müssen, damit zu arbeiten. Reentrant geschriebene Programme brauchen nur einmal im Speicher zu stehen.

Reflexion reflection
Bei Bildschirmen die Spiegelung der Bildröhre, die durch ungünstige Lichtverhältnisse weiter negativ beeinflußt wird. Lichtreflexe können durch geeignete Techniken, wie z. B. Oberflächenbeschichtung, Folie, Politur- oder Ätzverfahren sowie entsprechende Gewe-

beaufsätze auf ein Minimum reduziert werden.

Reflexion, diffuse reflection, diffuse

Von der Gestaltung eines Bildschirmterminals abhängige Lichtreflexion, die sich durch eine Erhöhung der Zeichenlichtstärke kompensieren läßt.

Register register

a) Als Speicher in der Zentraleinheit eines Computersystems dient das Register zur Aufnahme von Befehlen (Befehlsregister), Zwischenergebnissen (Datenregister) oder Adressen (z. B. Indexregister oder Befehlszähler).

b) Als Speicher in der peripheren Einheit eines Computersystems werden Register für das Speichern von Betriebsarten (Datenrichtungsregister), Daten (Datenregister) oder Bedingungen (z. B. Interruptregister) verwendet.

rekursiv recursive

Bei rekursiven Unterprogrammen handelt es sich um Programme, die sich selbst zur Ausführung aufrufen können.

relationales Datenbanksystem
relational data base system

Tabellenartiger Abruf von Informationen aus einer Datenbank, wobei die Form der Datenspeicherung für den Datenabruf unerheblich ist.

relative Adresse relative address

Adresse, die sich auf den Programmanfang bezieht. Steht der erste Befehl (bei der Programmausführung) auf der Adresse 0, so ist die relative Adresse auch die absolute Adresse (Basis-Adresse = 0). In jedem anderen Fall muß die absolute Adresse aus der Summe von relativer Adresse und Basis-Adresse (= Anfangsadresse) errechnet werden.

relative Adressierung relative addressing

Bei dieser Adressierungsart wird ein Register mit der darin enthaltenen Adresse angesprochen (nicht die Adresse eines Operanden).

relative Datei relative file

Bei dieser Dateistruktur kann auf eine bestimmte Position des Datenträgers direkt zugegriffen werden. Der Computer sucht mit Hilfe von Tabellen, die angeben, an welcher (physikalischen) Stelle die gewünschten Informationen gespeichert sind.

relocate

Eine Routine (Programm) wird nicht ab der vorgesehenen Anfangsadresse geladen, sondern ab einer höheren oder niedrigeren. Die Adressen (z. B. Sprungadressen), die sich auf diese Routine beziehen, werden entsprechend erhöht oder erniedrigt.

REM

In BASIC bedeutet der Befehl REM (in den ersten drei Spalten), daß in dieser Zeile nur der Kommentar steht und kein auszuführender Befehl.

Remark-Anweisung remark instruction

Instruktion für das Einfügen von Erläuterungen in ein Programm. Es wird keine Programmfunktion ausgeführt, sondern lediglich ein kommentierender

Text an der entsprechenden Programmzeile ausgegeben.

REM-Routinen 1 (CBM)
Satz von Assemblerroutinen.

Repeat-Anweisung repeat statement
Anweisung in der Programmiersprache Pascal. Überprüfung der Endebedingung erfolgt nach dem Durchlauf.

reprogrammierbares ROM reprogrammable ROM
Festwertspeicher (Nur-Lese-Speicher) mit der Fähigkeit, die darin enthaltenen Informationen zu löschen und neu zu programmieren.

REPT-Taste (REPT key)
Ermöglicht die wiederholte automatische Bildschirmausgabe eines Zeichens, wenn die zu diesem Zeichen gehörige Taste gleichzeitig mit der REPT-Taste gedrückt wird.

reserviertes Wort reserved word
Worte, die eine genau definierte Bedeutung haben und vom System bereits verwendet werden. Sie dürfen nicht als Variablennamen vom Benutzer vergeben werden.

RESET
Häufig verwendeter Befehl für das Rücksetzen (Nullsetzen) von System-Funktionen.

reset, zurücksetzen reset
Rücksetzen eines Systems bzw. Systemteils in einen definierten Basisstand. Im allgemeinen wird beim Einschalten der Netzspannung das Gerät in einen Grundzustand geschaltet.

RESET-Taste RESET key
Durch Drücken der Reset-Taste wird der augenblicklich ablaufende Prozeß abgebrochen. Der Computer wird wieder in den Zustand versetzt, in den er unmittelbar nach dem Start des Systems geschaltet wurde (Grundstellung).

resident resident
Als „resident" wird z. B. ein Programm bezeichnet, das dauernd im Arbeitsspeicher zur Verfügung steht.

residenter Kompilierer resident compiler
Übersetzungsprogramm, das auf dem Rechner einsetzbar ist, für den der Code generiert wird. Gegensatz: Cross-Compiler.

residenter Makroassembler resident macroassembler
Im Arbeitsspeicher des Computers enthaltener Makroassembler.

residentes Programm resident program
Permanent im internen Speicher eines Computers enthaltenes Programm.

Resource-Sharing resource sharing
Effiziente Nutzung der verfügbaren Computerkomponenten durch mehrere Personen.

RJE (Stapelverarbeitung) remote job entry
Die Verarbeitung eines Auftrags (JOB)

durch den Computer, bei dem kein Eingriff des Bedieners über den Bildschirm möglich ist. Der Job muß mit allen nötigen Informationen versehen sein und wird z. B. von einem Bildschirm aus aufgesetzt (Submit). Damit wird im Normalfall eine Warteschlange erstellt (Job-Queue).

rollen scroll

Unter „Rollen des Bildschirmtextes" z. B. versteht man, daß bei Ausgabe einer neuen Zeile am Bildschirm diese am unteren Bildschirmrand erscheint und alle bisherigen Zeilen eine Zeilenposition nach oben „rollen", wobei die oberste Bildschirmzeile wegfällt.

Rollkugel roller ball

In der graphischen Datenverarbeitung ein peripheres Eingabegerät, das zur Umwandlung von Impulsen in Bildschirmkoordinaten dient − ähnlich wie mit einem Steuerknüppel.

roll-over roll over

Bei elektronischen Tastaturen eine Tastenverriegelung zur Verhinderung von Eingabefehlern. Bei 2-Key-Roll-over wird auch durch das gleichzeitige Drücken von zwei Tasten kein Eingabefehler erzeugt.

ROM, Chipfreigabe ROM, chip enable (CE)

(s. auch Festwertspeicher)
Signal zur Ansteuerung eines ROM-Elements. Die Speicherbausteine sind mit den niederwertigen Adreßleitungen verbunden, während die höherwertigen Leitungen zur Erzeugung und Weitergabe des Freigabe-Signals an einen spezifischen Chip benutzt werden.

ROM-Mikroprogrammierung ROM microprogramming

Erstellung eines Mikroprogramms, das für den Einsatz in einem ROM-Speicher vorgesehen ist.

ROM-resident ROM resident

Bezieht sich auf Programme, die in einem ROM (Nur-Lesespeicher) aufbewahrt sind.

Routine, Funktion, Programm routine

Unterprogramm für die Lösung eines spezifischen Problems innerhalb einer Gesamtaufgabe, bestehend aus einer Reihe von Einzelbefehlen. Mit Routinen können direkte Rechenergebnisse erzielt werden, so daß sie z. B. − in einer höheren Programmiersprache − den Sinus einer Zahl berechnen.

RPG RPG (Report Program Generator)

Für kaufmännische Aufgaben konzipierte Programmiersprache.

RPNL RPNL (Reverse Polish Notation Language)

Höhere Programmiersprache, die Gemeinsamkeiten mit FORTH und PASCAL aufweist.

RS232-Schnittstelle RS232-Interface

Standard-Schnittstelle (US-Normung) für seriellen Datentransfer über eine Entfernung von maximal 25 m. Als europäisches Äquivalent gilt die V.24-Schnittstelle. Aufgrund der unterschiedlichen Spannungsinterpretation besteht keine Kompatibilität zu TTL-Bausteinen.

Rückkehradresse im Stack return address in stack
Die Adresse, mit der beim Verlassen des Unterprogrammes zum aufrufenden Programm zurückgesprungen wird (Rücksprungadresse im Kellerspeicher) bis zur Verwendung im Stack gespeichert. Das ist bei Programmen nötig, die reentrant (wiedereintrittsfähig) oder rekursiv (selbstaufrufend) sind, da bei normaler Speicherung der Rücksprungadresse dieses Feld beim zweiten Aufruf überschrieben würde.

RUN
Befehl für das Starten eines Programms, das in den Hauptspeicher geladen wurde.

S

Satellitenrechner satellite computer
Mit einer zentralen – meist größeren – Rechenanlage kommunizierendes Computersystem, das Aufgabenstellungen selbständig oder in Verbindung mit dem Zentralsystem erledigt bzw. zur Übernahme von Spezialaufgaben dieser Anlage eingesetzt wird.

Satzformat, gemeinsames record format
In mehr als einer Datei vorhandenes Satzformat. Die Beschreibungen des Satzformats sind oft in der betreffenden Dateibeschreibung enthalten.

S-100-Bus
Populärer Mikrocomputer-Bus. Der aus 100 Leitungen bestehende S-100 ist auch für 16-Bit-Mikroprozessoren einsetzbar.

SBC
Abk.: Single Board Computer.

Schaltungssimulation circuit simulation
Mathematisches Verfahren zur Nachbildung von Funktionen integrierter Schaltungen, um den Entwicklungsingenieuren komplette Informationen über Schaltungsverhalten zur Verfügung zu stellen. Für Simulationsaufgaben in der Schaltungsentwicklung werden komfortable Programme angeboten, deren Sprachelemente in enger Beziehung zur elektrotechnischen Terminologie stehen.

Schaltungstopologie circuit topology
Formatierte Beschreibung einer Schaltung (z. B. UND-Schaltung).

„Scheibe" wafer
Vom Siliziumstab entfernte Scheibe, auf deren Basis die Entwicklung von integrierten Schaltungen erfolgt.

Schieberegister shift register
Das Schieberegister ermöglicht den Transport von binären Daten nach links oder rechts, wie dies z. B. bei der Durchführung von Rechenaufgaben erforderlich ist. Daten lassen sich in entsprechenden Registern auch seriell oder parallel verschieben.

Schleife, endlos loop, endless
Programmschleife ohne Endebedingung. Die Programmschritte werden beliebig oft ausgeführt. Ein Beenden ist nur durch Abruf des Programms möglich (z. B. Ausschalten).

Schleife, Programm loop, program
Eine Programmschleife ist eine Gruppe von Programmschritten, die einige Male in gleicher Form ausgeführt werden (z. B. FOR-NEXT-Schleife). Eine Schleife wird „verlassen", d. h., nicht noch einmal ausgeführt, wenn eine Endebedingung oder eine abgefragte Bedingung erreicht wird. Sind beide Möglichkeiten nicht vorgesehen, handelt es sich um eine Endlos-Schleife.

Schleifenanfang beginning of loop
Erster Programmschritt einer Schleife. Bei der FOR-NEXT-Schleife wird im

Schleifenanfang (FOR-Anweisung) die Schleifenvariable, der Anfangs- und Endwert und eventuell die Schrittgröße angegeben. Somit ist ersichtlich, wie oft die Schleifenanweisungen durchlaufen werden.

Schleifenende end of loop
Letzter Programmschritt einer Schleife. Bei einer FOR-NEXT-Schleife die NEXT-Anweisung, in der entschieden wird, ob die Schleifenanweisungen noch einmal durchlaufen werden oder die Endebedingung erreicht und die nächstfolgende Anweisung ausgeführt wird.

Schließen einer Datei close a file
Abschließen eines Files: eventuell einen Kontrollsatz festschreiben. Die Verbindung von Programm und Datei wird unterbrochen und Arbeitsbereiche für Puffer und Kontrolldaten freigegeben.

Schlüsselfeld key field
Dient bei Dateisystemen zur Festlegung der Verarbeitungsfolge von logischen Dateien (z. B. sequentiell).

schlüsselfertiges System turn key system
Einsatzfertiges System oder Gerät, das ohne zusätzlichen Aufwand sofort betriebsfähig ist.

Schnelldrucker high speed printer
Drucker mit hoher Ausgabeleistung.

Schnittstelle interface
Kommunikations-Schnittstelle zwischen verschiedenen Rechner-Komponenten zum Transfer von Daten oder Steuerinformationen. Hierzu gehören neben Rechner-Bauteilen auch Softwareeinheiten, Geräte oder ganze Computersysteme.

Schräglauf skew
Abweichung von der – für die Aufzeichnung von Daten – am besten geeigneten Stellung des Magnetbandes zum Magnetkopf.

Schräglauf, dynamischer skew, dynamic
Bei Magnetbandeinheiten die durch Bandbewegungen verursachte Versetzung von Zeichenbits. Die Messung des dynamischen Schräglaufs erfolgt mit Hilfe eines Bezugsbandes.

Schräglauf, statischer skew, static
Bei Magnetbandspeichern die durch mechanische Toleranzen (Magnetkopf/Bandführung) verursachte Versetzung von Zeichenbits. Zur Kompensation des Schräglaufs sind Magnetbandsysteme mit elektronischen Ausgleichsvorrichtungen ausgestattet.

Schreibdichte, Bitdichte recording density
Die Anzahl der auf der Spur eines Speichermediums sequentiell enthaltenen Bits.

schreiben write
Informationstransfer zu einem Speicher oder Peripheriegerät.

Schreibkopf writing head
Magnetkopf für die Übertragung von Informationen auf ein magnetisches Speichermedium. Wird speziell bei Plattenspeichersystemen eingesetzt (häufig in Verbindung mit einem Lesekopf).

Schreib-/Lesespeicher (RAM) random access memory (RAM) (s. RAM [Random Access Memory])

Schreibmaschine typewriter
Immer mehr Hersteller bieten Anschlußmöglichkeiten (Rechnerschnittstellen) für elektronische Schreibmaschinen, die sich als hervorragende Datenausgabe-Instrumente für Textverarbeitungsaufgaben erweisen.

Schreibmaschinenschrift-Leser typewriter character reader
Lesegerät zur direkten Eingabe von Informationen in den Computer ohne die Verwendung einer Eingabetastatur (z. B. eines Bildschirmgeräts). Diese Lesegeräte erfassen Texte und Daten, die auf Schreibmaschinen erstellt wurden. Die Geräte verarbeiten verschiedene Zeichensätze (z. B. Elite, Prestige, Courier), wobei sich auch Textformate (Zeichendichte, Zeilenabstand etc.) variieren lassen.

Schreibschutz write protect
Vorkehrung zur Verhinderung von Aufzeichnungen auf einem Datenträger. Dies kann z. B. durch eine Öffnung in der Diskettenhülle (8-Zoll-Disketten) oder durch Klebe-Etikette (5-Zoll-Disketten) realisiert sein.

Schrittzähler step counter
Überwacht in einer arithmetischen Recheneinheit die einzelnen Schritte bei Shiftoperationen und Rechenoperationen.

SCI Small Scale Integration
Halbleitertechnik mit geringer Gatterdichte (im Gegensatz zur Großintegration – LSI).

SDLC (Synchrone Datenübertragungssteuerung) SDLC (Synchronous Data Link Control)
Steuerprotokoll für Datenfernübertragungsnetzwerke.

Sedezimalsystem hexadecimal system
(s. hexadezimal)

Sedezimalziffer hexadecimal digit
Ziffer im sedezimalen (hexadezimalen) Zahlensystem (0 bis F).

Seite page
Aufteilung von Programmen oder Speichern in einzelne Bereiche, d. h. Seiten. Es werden immer nur die zur Verarbeitung anstehenden Programmteile vom Massenspeicher in den Arbeitsspeicher geladen (siehe auch virtueller Speicher). Für den Benutzer ist damit der verfügbare Programmspeicher größer als der tatsächlich vorhandene physikalische Speicher.

Seitenadressierung page addressing
(s. Paging)

Sektor sector
Bei Plattenspeichern erfolgt eine Aufteilung der Speicherplatten in Sektoren. Der Sektor ist Teil einer Spur und enthält eine konstante Anzahl von Zeichen. Das Aufsuchen und Abrufen von Daten erfolgt auch durch Angabe der Sektorkennung.

Sekundärdaten secondary data
Für die Verwaltung aller Objekte einer Datenbank erforderliche Daten (s. Primärdaten).

Selbstanlauf auto restart
Systeme mit Selbstanlauf können nach einem Ausfall der Versorgungsspannung den Betrieb automatisch wieder aufnehmen.

sequentiell sequential
Bezieht sich auf Vorgänge, die der Reihe nach erfolgen, z. B. das sequentielle Lesen von Daten auf einem Magnetband im Gegensatz zum direkten Zugriff bei Platten.

sequentielle Arbeitsweise sequential operation
Die zeitlich aufeinanderfolgende Ausführung von Operationen.

sequentielle Datei sequential file
Die Sätze werden nacheinander auf einem Datenträger gespeichert, wobei dies auf der Grundlage einer bestimmten logischen Reihenfolge (z. B. nach numerischen Angaben) geschieht.

sequentieller Zugriff sequential access
Der Abruf von Daten ist nur der Reihe nach möglich, wie z. B. bei einem Magnetband.

seriell serial
Zeitlich aufeinanderfolgend.

serielle Datei serial file
Aufzeichnung von Sätzen auf einem Datenträger, wobei die Anordnung von Sätzen der Reihe nach erfolgt, ohne daß eine bestimmte logische Reihenfolge vorgeschrieben ist.

Seriendrucker serial printer
Die einzelnen Zeichen werden beim Seriendrucker der Reihe nach auf dem Druckpapier abgebildet.

Service-Rechenzentrum Service Center
Dienstleistungsunternehmen mit eigener Computerausrüstung, das Anwendern gegen anteilige Kosten Computerleistung – im allgemeinen über Datenfernübertragungskanäle – zur Verfügung stellt, d. h., ,,Datenverarbeitung außer Haus" anbietet. Das Leistungsangebot von Rechenzentren umfaßt heute Datenerfassung, Timesharing, Beleglesung, Datenfernübertragung, Mikrofilm, Dialogverarbeitung, Bildschirmtext, CAD.

setzen, einstellen, Menge, Satz set
1. Gruppe aus spezifischen Elementen, die in einem hohen Maße gemeinsame Merkmale aufweisen (Zahlenmengen etc.).
2. Vorgang, der bei Speicherelementen die Realisierung eines bestimmten Zustands (z. B. logisch O) beschreibt.

Shift Lock shift lock
Tastenfunktion, die das Gerät in einen Betriebszustand (z. B. Großschreibung) schaltet und diesen festhält.

Sicherungskopie backup copy
Zusätzliche Aufzeichnung auf einem zweiten Datenträger zum Schutz gegen Informationsverlust.

Sicherungssoftware security software
Programmsystem, das entsprechend der Definitionen eines Benutzers Zugriffsbeschränkungen auf Datenbestän-

de realisiert und auch revisionsfähige Nachweise versuchter unbefugter Zugriffe liefert.

Sicob
Französische DV-Messe.

Signalausgang signal output
Ausgangsleitung für den Anschluß von externen Objekten, wie Spielprogramme, Lampen etc.

signifikante Ziffer significant digit
Bei einer Zahl, die mit Exponenten (also in wissenschaftlicher Schreibweise) abgespeichert ist, wird die Anzahl der gültigen Ziffern festgelegt, d. h. wieviel Speicherstellen für den reinen Zahlenwert zur Verfügung stehen – ohne Platz für den Exponenten. Z. B. ist bei $5{,}7 \times 10^8$ die Signifikantenziffer 5,7.

Silicon Valley Silicon Valley
Geographischer Bereich südlich von San Francisco/California mit einer großen Anzahl von bedeutenden Halbleiter- und Computerherstellern.

Silizium silicon
Wichtiges chemisches Element für die Halbleiterelektronik. Das für die Halbleiterproduktion erforderliche Silizium wird aus Quarz mit Hilfe von aufwendigen Behandlungsmethoden gewonnen.

Simulator, Simulationsprogramm simulator
Programm zur Emulation oder Imitation der Funktionen eines Computers. Der Simulator führt Programme im Objektcode aus und wird z. B. für das Austesten von Mikroprogrammen eingesetzt.

simultan simultaneous
Bezieht sich auf die gleichzeitige Ausführung von DV-Operationen, z. B. simultaner Programmablauf.

Single-Board-Computer single board computer
Rechner, der auf einer einzigen Leiterplatte realisiert ist.

Sitzungsebene session layer
Normempfehlung der Internationalen Organisation für Standardisierung (ISO) zu Steuerprotokollen. Die Sitzungsebene regelt den Austausch von Nachrichten zwischen den verschiedenen Stationen eines Kommunikationsnetzwerkes.

Slice slice
Durch den Aufbau von mehreren Slices (Bausteinen) lassen sich betriebsfertige Komponenten bzw. Modulen mit der erforderlichen Bitzahl realisieren. Ein Beispiel hierfür wäre z. B. die Zentraleinheit eines Mikrocomputers.

Slot (Steckfassung) slot
Steckanschlüsse im Computer für Platinen (Leiterplatten) oder Zusatzeinheiten.

SM-KIT/B (CBM)
In ROM realisierte Programmier- und Testhilfen für Basic.

SM-KIT/F (CBM)
System für Disketten-Benutzer.

SM-KIT/M (CBM)
Assembler-Werkzeug für Benutzer von Commodore-Systemen.

SM-KIT/SET (CBM)
Dienstprogramm-Paket (SM-KIT/B, SM-KIT/M, SM-KIT/F) für kommerzielle Anwendungen auf Commodore-Computern.

SNA
Abk.: Systems Network Architecture. IBM-Konzept der verteilten Datenverarbeitung (DDP).

SOB
Abk.: Start Of Block (Anfang eines Blockes).

Sockel socket
Beschreibt im allgemeinen die auf einer Leiterplatte (Platine) angeordneten Steckanschlüsse für die Aufnahme von System-Komponenten, wie z. B. ROM-Speicher, Mikroprozessor.

SoftCard (Apple II)
Einschub mit Z-80-Mikroprozessor, CP/M-Betriebssystem-Diskette und Mikrosoft-Basic-Interpreter. Damit lassen sich auf dem Apple CP/M-Programme sowie 80-Zeilen-Bildschirm verarbeiten.

Softdisk soft disk
(s. Floppy-Disk)

softfail
Bezieht sich auf eine Systemstörung, die nicht den Ausfall des gesamten Systems zur Folge hat.

Softkey soft-key
(s. freibelegbare Funktionstasten)

softsektoriert soft-sectored
Spezifizierung von Sektoren einer Diskette mit Hilfe von Steuerinformationen. Lediglich Sektor 0 der Diskette ist durch eine Öffnung markiert (s. auch hardsektoriert).

Softsense soft sense
Automatische Bestimmung der Wortlänge bei Anwendungsprogrammen durch den Computer.

Software software
Gesamtheit der Programme eines Computersystems. Zur Computersoftware gehören Applikationsprogramme, Mikroprogramme und Betriebssysteme sowie alle Dienst- und Unterprogramme. Die Elektronik eines Rechners wird dagegen als Hardware bezeichnet.

Software-Anforderungen software requirement
Genaue Beschreibung aller Aufgaben, die von den Programmkomponenten (Software) eines Computersystems durchzuführen sind und bildet die Basis für Softwareentwicklung.

Software-Entwicklung Software engineering
Methodische Entwicklung von Software-Systemen.

Software-Entwicklungssystem software development system
Für die Entwicklung von Programmen vorgesehenes Mikroprozessorsystem. Zu den Hardware-Komponenten eines solchen Systems gehören externe Speicher, Bedienungskonsole und Drucker. Die Software besteht im allgemeinen aus Utilities (Linker, Testprogramme, Editor, Dateiverwaltungsroutinen, Assembler etc.).

Softwareentwurf software design
Damit werden die Anforderungen einer Aufgabe genau festgelegt bzw. definiert. Grundsätzlich unterscheidet man zwischen der dynamischen und physischen Struktur. Die dynamische Struktur umfaßt z. B. Funktionsablauf und Definition des Datenflusses, die physische Struktur neben der Festlegung von Programm-Modulen, die Aufteilung des Speichers sowie die Beschreibung von Schnittstellen.

softwarekompatibel software compatible
Der identische Befehlssatz von zwei verschiedenen Computersystemen und damit verbundene Übereinstimmungen hinsichtlich der Maschinensprachen bieten die Möglichkeit, Programmsysteme des einen Computers unverändert auf den anderen Rechner zu übernehmen.

Softwareumgebung software environment
Die wichtigsten Softwarekomponenten, wie Betriebssystem, Programmiersprachen etc. eines Computersystems.

Softwareunterstützung für Mikroprozessoren microprocessor software support
Die Gesamtheit der für einen Mikroprozessor entwickelten Softwareprogramme zur Steuerung des Prozessors.

Solid-State-Schalter solid state switch
Nicht auf der Basis von mechanischen Kontakten operierender Schalter.

Sonderschriftenleser special type reader
Lesegerät zur direkten Eingabe von Informationen in den Computer ohne Verwendung der Eingabetastatur (z. B. eines Terminals). Der Sonderschriftenleser vereinigt in einem System die Funktionen von Schreibmaschinenschrift und OCR-Leser (s. OCR-Leser und Schreibmaschinenschrift-Leser).

Sonderzeichen special character
Die in einem Zeichensatz zusätzlich zu Buchstaben und Ziffern vorhandenen Zeichen.

sortieren sort
Nach vorgegebenen Kriterien (alphabetisch, numerisch etc.) erfolgt mit Hilfe eines speziellen Sortierprogramms die Aufzeichnung der Datenobjekte in einer geordneten Reihenfolge.

Spalte column
Vertikale Anordnung von Zeichen.

Spannungsausfall voltage breakdown
Zusammenbruch der Netzspannungszufuhr eines Systems oder Gerätes. Dieser Gefahr kann z. B. durch den Einsatz von Backup-Batterien entgegengewirkt werden.

Speedwiretechnik speed wire method
Verdrahtungstechnik für Leiterplatten, bei der zwischen zwei Kontaktelementen ein isolierter Draht gedrückt wird, wobei eine Quetschverbindung entsteht. Gegenüber Wire-Wrap- und Hardwiretechnik bietet die Speedwiremethode Zeitvorteile.

Speicher storage
Einheit zur Aufnahme und Weitergabe von Daten, wobei unterschiedliche Techniken zum Einsatz kommen. Grundsätzlich unterscheidet man zwischen dem internen Speicher (Arbeitsspeicher) eines Computers und den angeschlossenen, externen Speichereinheiten, wie z. B. Diskettenlaufwerk.

Speicheradresse storage address
Die auf eine bestimmte Speicherzelle verweisende Adresse.

Speicherauszug, Speicherausdruck dump
Das Auflisten von Speicherinhalten am Bildschirm oder Drucker. „Dumps" sind beim Austesten von Programmen sowie bei Systemstörungen erforderlich. Als Darstellungsart ist die binäre oder hexadezimale Form verwendbar.

Speicherelement storage element
Reservierte Speicherstelle für die Aufnahme eines Bit.

Speichergröße storage size
Größe des Hauptspeichers oder externen Speichers, d. h. Anzahl der Bytes (B) oder Kilobytes (KB = 1024 Bytes).

Speicherkapazität storage capacity
Bezieht sich auf das Aufnahmevermögen einer Speichereinheit. Die Kapazität wird im allgemeinen in KW (Kilo-Wort), KB (Kilo-Byte) oder auch Bits angegeben.

Speichern von Daten in Arrays storing data in arrays
Bei Wertzuweisungen in Arrays ist nicht nur der Name des Arrays anzugeben, sondern auch das Zielfeld. Ausgangsfeld z. B. A(7) = A(3) + 17 − A(12).

Speicher mit sequentiellem Zugriff sequential-access storage
Die in diesem Speichertyp enthaltenen Informationen können nur der Reihe nach gelesen werden. Der schnelle direkte Zugriff auf gewünschte Daten ist somit ausgeschlossen.

Speicher mit seriellem (sequentiellem) Speicherzugriff serial storage
(s. Speicher mit sequentiellem Zugriff)

Speicher mit wahlfreiem Zugriff storage, random access
Der Zugriff auf die gespeicherten Daten ist bei diesem Speichertyp unabhängig von der Aufzeichnungsfolge möglich. Hierzu gehören z. B. Disketteneinheiten. Magnetbandeinheiten sind dagegen Speichereinheiten mit sequentiellem Zugriff.

Speicherschutz memory protection
Damit werden unberechtigte bzw. unbeabsichtigte Zugriffe auf geschützte Speicherbereiche verhindert. Benutzer und Programme erhalten spezielle Zugangscodes zugeteilt, bei denen auch Prioritätsstufen berücksichtigt werden können.

Speicherzelle location
Für ein Computer-Wort reservierte Speicherstelle mit einer bestimmten Adresse.

Speicherzuordnung memory allocation
Zuweisung der verfügbaren Speicherressourcen an Programme, Prozesse oder Computerkomponenten.

Speicher-Zykluszeit storage cycle time
Operationssequenz für das Lesen von Daten aus einem Speicher oder das Einschreiben von Daten in den Speicher.

Spielanschluß game connector
Anschlußmöglichkeiten eines Mikrocomputers für Geräte zur Steuerung und Kontrolle von Computerspielen.

Spooling spooling
Damit man beim Ausdrucken von mehreren Dateien nicht immer warten muß, bis der Drucker frei ist, kann das Spooling gestartet werden. Dieses Betriebssystemprogramm „merkt" sich in einer Druckerwarteschlange (Queue), welche Dateien noch ausgedruckt werden sollen, und startet den nächsten Druck, sobald der letzte beendet ist.

Sprachebene level of language
Die höheren Programmiersprachen, wie z. B. FORTRAN, BASIC oder PASCAL, besitzen eine „höhere Sprachebene", weil sie das Formulieren von Problemen in einer Sprache erlauben, die der spezifischen Aufgabenstellung im hohen Maße entspricht. Assemblersprachen weisen dagegen eine „niedrige" Sprachebene auf.

Sprachen-Editor language editor
Editor-Software, die für eine bestimmte Programmiersprache entwickelt wurde und spezielle Funktionen übernimmt.

Spracheninterpretierer language interpreter
(s. Interpretierer)

Sprecher talker
Mit dem IEC-Bus verbundenes Gerät, das Daten sendet.

Sprungbefehl jump instruction
Instruktion (Befehl, Programmschritt), die bewirkt, daß nicht der nächstfolgende Befehl ausgeführt wird, sondern an der angegebenen Stelle (Sprungadresse) fortgefahren wird. Bei unbedingten Sprung-Instruktionen geschieht das in jedem Fall, bei bedingten nur dann, wenn die Bedingung erfüllt ist, ansonsten wird der nächstfolgende Befehl ausgeführt (z. B. GOTO MARKE 1, bedingt: IF A = 10 GOTO MARKE 1).

SPS
Abk.: Speicherprogrammierbare Steuerung. Anwendungsbereiche sind vor allem Maschinenbau, Förder- und Lagertechnik sowie Automobilbau.

Spur track
Magnetschichtspeicher, wie z. B. Festplatten, Disketten, werden in parallel verlaufende Spuren aufgeteilt, die zur Aufnahme der abgespeicherten Zeichenbits dienen.

Spuren pro Zoll tracks per inch
Gibt an, wieviel Spuren eines Speichermediums sich parallel auf einem Zoll befinden.

Stackspeicher stack
Anzahl von Registern oder Speicherplätzen, die so verknüpft sind, daß sie zur Kellerspeicherung dienen – auch FIFO-(First-In-/First-Out-)Speicherung genannt – d. h., der Speicher wird von unten nach oben gefüllt (im „Keller" beginnend). Das Lesen und damit das Entleeren des Speichers kann jeweils nur am obersten Element erfolgen (s. auch Stapelspeicher).

Stack bei Rückkehr aus einer Subroutine stack when returning from a subroutine
Das Betriebssystem kann zur Verwaltung der Subroutinen-Ansprünge einen Stack (Kellerspeicher) verwenden. Gespeichert wird jeweils die Rücksprungadresse, also die Adresse, die beim Verlassen der Subroutine angesprungen werden muß.

Stand-alone-Gerät stand-alone unit
Autonomes System oder Gerät, das ohne Unterstützung anderer Systeme selbständig arbeiten kann.

Standard-Schnittstelle standard interface
Normierte Verbindungsstelle zwischen verschiedenen Rechnern oder Rechnerkomponenten.

Standardsoftware standard software
Von Software-Anbietern gelieferte Anwendungsprogramme, die nicht auf einer individuellen betriebsspezifischen Basis entwickelt wurden, sondern allgemeine Problemlösungen darstellen. Gegenstück: Individualsoftware.

Standardwert default value
(s. Ausgangswert)

„Standby"-Rechner standby computer
Zusätzlicher Computer, der bei einem Systemausfall die unterbrechungsfreie Fortführung des Rechnerbetriebs sichert.

Stapelspeicher, Stackspeicher, Kellerspeicher stack
Registersatz, der häufig Bestandteil der Zentraleinheit ist. Das Einlesen in das erste Register des Stackspeichers erfolgt mit dem Push-Befehl, während für die Entnahme der Daten aus dem Stack der Pull-Befehl zur Verfügung steht. Häufige Verwendung von Stackspeichern ist das Abspeichern von Informationen im Rahmen einer Programm-Unterbrechung (s. auch Stackspeicher).

Stapelverarbeitung batch processing
Aufträge, d. h. Programme und Daten, werden dem Rechner als Ganzes zur Verarbeitung übergeben. Während der Ausführung von Programmen besteht für den Benutzer keine Möglichkeit mehr, in den Prozeß einzugreifen.

Stapelverarbeitung, entfernte remote batch processing (remote job entry, RJE)
Betriebsart eines Computersystems. Die Programme werden gesammelt und dem Rechner über externe Datenterminals in vollständigen Einheiten zugeführt. Anschließend bearbeitet der Computer die Programme und transferiert sie wieder zum Terminal für die Ausgabe an den Benutzer des Computersystems.

Stapelzeiger, Kellerzeiger stack pointer
Dient zur Spezifizierung der Speicherstelle eines Stackspeichers, auf die ein Zugriff erfolgt. Das Einlesen erfolgt bei einem Stackspeicher mit dem Pull-, das Auslesen mit dem Pushbefehl, wobei der Stackzeiger erhöht bzw. erniedrigt wird.

statische Entladung static discharge
Vor allem metallische Teile können sich statisch aufladen. Berührt man ein solches Teil, findet eine statische Entladung statt.

statisches RAM static RAM
Speicherelemente, die das Einschreiben wie auch das Auslesen von Informationen ermöglichen. Bei diesen Speichertypen müssen die darin enthaltenen Informationen nicht regelmäßig „aufgefrischt" werden.

STATPAK
Programmpaket für Statistik.

staubfreier Raum clean room
Bereich in Produktionsbetrieben (z. B. Herstellung von Plattenlaufwerken), die einen erhöhten Luftdruck aufweisen und durch Spezialfilter vor der Umwelt geschützt sind. Entsprechend der Anzahl von erlaubten Partikeln werden die Räume in Klassen eingestuft.

Stecker plug
Steckverbindung für die elektrische und mechanische Koppelung von Bauteilen.

steckerkompatibel plug-compatible
Bezieht sich auf Systeme oder Geräte, die sich ohne größeren Aufwand (z. B. Modifizierungen im Gesamtsystem) an andere Systeme anschließen lassen. Wird oft im Zusammenhang mit Herstellern benutzt, die steckerkompatible Geräte herstellen.

Steckkarte plug-in board
Leiterplatte (Platine) mit oder ohne elektronische Komponenten, die in den Computer (Steckrahmen) eingesteckt wird. Auf einer Steckkarte befinden sich Speicherbausteine, Zentraleinheit etc. Mit den leicht auswechselbaren Steckkarten kann der Benutzer auch den Funktionsumfang seines Computers gestalten, wie z. B. Speicherkapazitäten oder Geräteanschlüsse.

Steckverbinder connector
Steckverbinder dienen zum mechanischen Zusammenfügen von elektrischen Bauteilen oder Geräten. Sie werden z. B. bei den Steckkarten eines Computersystems eingesetzt.

Stellenwertverschiebung cyclic shift
Transfer von Bits in einem Wort in eine beliebige Richtung. Die am Ende des Worts „herausfallenden" Bits werden jedoch nicht einfach abgeschnitten, sondern am anderen Ende wieder angefügt.

Steuerbus control bus
Für den Transfer von Steuerinformationen vorgesehener Übertragungskanal (Bus).

Steuerknüppel joystick
Wird zur Steuerung und Positionierung von Objekten am Bildschirm – speziell bei Computerspielen – verwendet.

Steuerregister register, control
Speicher in einer Zentraleinheit oder peripheren Einrichtung zur Aufnahme von Informationen, die für die Steuerung des Systems von Bedeutung sind.

Steuersignal control signal
Signal, das ausschließlich Kontroll- und Steuerungsaufgaben übernimmt. Gegenstück: Datensignal.

Steuerwerk, Steuereinheit control unit
Teil eines Computersystems für die Ausführung der Befehle. Es ist in der Zentraleinheit (CPU) des Rechners enthalten.

Steuerzeichen control character
Zeichen, die bestimmte Steuerfunktionen durchführen, wie z. B. Daten am Drucker ausgeben, Text-Format festlegen etc. Es handelt sich dabei um nicht sichtbare Zeichen, d. h., diese Zeichen werden am Bildschirm oder Drucker nicht ausgegeben.

Stiftkontakt pin contact
Herstellung einer leitenden Verbindung mit Hilfe eines Kontaktstiftes.

Stopp-Bit stop bit
Bei aufeinanderfolgenden Datenübertragungen das abschließende Bit, das auf die Vollständigkeit der Zeichenübertragungen hinweist.

Strichcode bar code
Speziell bei Verbrauchsartikeln verwendeter Code aus Linien unterschiedlicher Stärke, die mit einer Lesevorrichtung erfaßt und ausgewertet werden.

String string
(s. Zeichenfolge)

String-Variable string variable
Variable, in die nur Strings, also Zeichenketten (Text) gespeichert werden können. In Basic werden sie durch Anhängen eines $ im Namen gekennzeichnet.

Stromversorgung power supply
Die Stromversorgung eines Systems oder Geräts wandelt die Spannung aus dem öffentlichen Netz in die für den Betrieb der Anlage erforderliche Versorgungswerte um. Für eventuelle Netzausfälle werden sogenannte Netzausfallschutzeinheiten angeboten, die einen automatischen Wiederanlauf des Systems gewährleisten.

strukturierte Anweisung structured statement
Dient in Pascal-Programmen bei Befehlsworten zur Verbindung von Anweisungen zu definierten Anweisungssequenzen.

strukturierte Programmierung structured programming
Verfahren der Programmentwicklung, dessen Ziel ein übersichtlicher Programmaufbau und die weitere Reduzierung von Programmfehlern ist. Der Programmentwurf erfolgt blockstrukturiert bzw. modular, wobei Techniken, wie z. B. Top-Down-Entwurf, zum Einsatz kommen.

Substring-Variable substring variable

Ausschnitte einer Stringvariablen können mit der Substring-Variablen angesprochen werden, dabei müssen Länge und Beginn angegeben werden.

Supercalc (CP/M)

System für Finanzplanung, Tabellenerstellung und Kalkulation.

Supermini super mini

Fachjargon: Ausdruck für 32-Bit-Rechner (s. Minicomputer).

SuperSort (CP/M)

Sortierungsprogramm für Dateien nach beliebigen Kriterien.

SUPERVYZ (CP/M)

Programmsystem für Menü-Generierung, Startprozeduren und „Help"-Bildschirm.

SW

Abk.: Software.

symbolische Adressen symbolic address

Bei dieser Adressenart wird anstelle der realen Adresse der Name einer Speicherzelle verwendet.

symbolischer Assembler symbolic assembler

Bei dieser Assemblersprache werden Speicherzellen mit Namen und nicht mit numerischen Darstellungen angesprochen.

symbolischer Code symbolic code

Die symbolische Schreibweise von Maschinenbefehlen anstatt deren Darstellung im binären Code.

symbolische Sprache symbolic language

Sprache mit symbolisch dargestellten Anweisungen, die z. B. von einem Compiler in Maschinencode umgewandelt werden.

synchron synchronous

Vorgänge, die einem bestimmten Zeitraster untergeordnet sind bzw. von einem Taktgenerator mit festem Takt kontrolliert werden.

Syntaxfehler syntax error

Fehler bei der Eingabe eines Programmbefehls oder Kommandos, wenn die formellen Regeln nicht eingehalten wurden (z. B. Vertippen oder Leerstelle vergessen).

System system

Bezeichnet in der EDV-Fachliteratur meist den gesamten Rechner (Hardare/Software) oder Rechnernetzwerke. Wird auch als Oberbegriff für Programme verwendet.

Systemanalytiker systems analyst

Der Systemanalytiker plant den Einsatz einer elektronischen Datenverarbeitungsanlage oder ein neues Aufgabengebiet für einen bereits vorhandenen Computer. Hierzu beginnt er mit der Istanalyse, d. h. es wird untersucht, wie die vorhandenen Aufgaben und Probleme jetzt – vor Einsatz des Computers – gelöst werden. Anschließend erfolgt die Aufgabenanalyse, aus der auch hervorgeht, welche Anforderungen an die EDV gestellt werden. Hier wird die Verwendung von Programmiersprachen und Speicherformen festgelegt.

Systementwicklung system engineering
Gesamtheit der für den Aufbau eines kompletten Systems (Hard-/Software) erforderlichen Entwicklungsprozesse.

Systemerweiterung system upgrade
Ausbau der Verarbeitungskapazitäten von Rechnersystemen.

Systemfehler-Meldung system error message
Fehlermeldung, die auf einen Fehler des Betriebssystems hinweist.

Systemfirmware system firmware
Vom Hersteller gelieferte festverdrahtete und damit permanente Programmierung.

Systemlexikon system dictionary
Interaktives elektronisches Wörterbuch für den Einsatz in Textverarbeitungssystemen, wo es als Korrekturhilfe verwendet wird.

Systemprogrammierer system programmer
Spezialisten, die alle Systemprogramme eines Betriebssystems warten, d. h. pflegen. Sie sind die Anlaufstelle für Organisation und Anwendungsprogrammierer, wenn diese z. B. Systemfehler (system error/system check) erhalten oder einzelne Komponenten der Datenverarbeitungsanlage (Drucker oder Bandeinheiten) nicht ordnungsgemäß arbeiten. Zu den weiteren Aufgaben des Systemprogrammierers gehören Aktualisierung des Betriebssystems, d. h. das Einspielen neuer Releases (Versionen) und Funktionstests. Unterstützt wird der Systemprogrammierer von Fachleuten des Computerherstellers. Bei kleineren Anlagen gibt es häufig keinen Mitarbeiter für die Systempflege. Hier übernimmt der Organisationsprogrammierer diese Aufgaben.

Systems
Fachmesse der Computerindustrie.

Systemsoftware system software
Die für die Steuerung der internen Funktionen eines Rechners verfügbaren Programme. Häufig Bestandteil des Betriebssystems eines Computers.

Systemsprache system language
Bei der Systementwicklung verwendete Programmiersprache, wobei es sich im allgemeinen um höhere Programmiersprachen handelt, wie z. B. SYMPL.

Systemsteuerprogramm control program
Programm zur internen Steuerung und Überwachung der Befehlsausführung bei Anwendungsprogrammen (s. Betriebssystem).

Systemvariable system variable
Variable (veränderbare Datenfelder), die vom System mit bestimmten Werten gefüllt werden und mit einem Kommando oder einem Programmbefehl verwendet werden können (z. B. Systemvariable für das Datum, für den Text der letzten Eingabe).

T

Tab tap
Abk.: Tabulatorfunktion.

Tabellen arrays
Mehrere Datenfelder mit dem gleichen Typ sind Tabellen; die einzelnen Felder werden über Nummern angesprochen, z. B. A(17), C(16). Die Tabellen müssen vor der Verwendung definiert werden.

Take-Away-Speicher take away memory
Speichergerät, das die Daten vor Ort über externe Datenquellen oder Tastatur aufnimmt und zu einem späteren Zeitpunkt an ein Computersystem übergibt.

Taktgenerator glock
Der Taktgenerator liefert die für die synchrone Steuerung der Rechnerfunktionen erforderlichen Taktimpulse.

TASC (Apple II)
Compiler für Applesoft Basic. Zum Interpreter besteht volle Kompatibilität.

Tastatur keyboard
Gesamtheit der Tasten eines Rechnerterminals zur Eingabe von Informationen an das Computersystem bzw. zur Steuerung von Rechneroperationen. Tastaturen sind mit der Bildschirmeinheit starr oder über flexible Anschlußkabel verbunden. Viele Terminals besitzen neben der Alpha-Tastatur einen separaten numerischen Tastenblock.

Tastatur, konkave keyboard, sculptured
Formung bei Tastaturen von Eingabegeräten (Bildschirmterminal). Durch die nach innen gewölbte Anordnung der Tasten wird ein ermüdungsfreies Arbeiten unterstützt.

Tastaturbauhöhe keyboard height
Um arbeitsmedizinischen Anforderungen gerecht zu werden, sollte die Eingabetastatur eine Bauhöhe (gemessen an der mittleren Tastenreihe) von 30 mm nicht überschreiten. Bei Überschreiten dieser Höhe sollte eine Handballenauflage angebracht werden.

Tastatur-DIN-Norm keyboard DIN Standard
DIN-Normen regeln Belegung, Kennzeichnung und Anordnung der Tasten. Die Tastenbelegung ist festgelegt durch DIN 2137 Teil 1 bis 3. Tastenanordnung sowie Tastenkennzeichnung regelt die DIN-Norm 2139.

Tastaturgestaltung keyboard design
Wichtige Merkmale für die Auslegung einer Tastatur sind Bauhöhe, eigene Zifferntastatur (bei Aufgaben mit großen Zahlenvolumen), Tastenabmessungen und -abstände (DIN 2139), Tastenbelegung.

Tastaturpositionierung (Bildschirm) keyboard positioning (display)
Nach ergonomischen Gesichtspunkten sollte die Tastatur mit dem Bildschirm beweglich verbunden sein (mittels Kabel) und damit die Möglichkeit einer

flexiblen Anpassung an arbeitsspezifische Aufgaben ermöglichen.

Taste key
Eingabeelement des Tastenfeldes eines Computerterminals.

Tastenfolge key sequence
Reihenfolge, in der verschiedene Tasten gedrückt werden sollen. Z. B. bewirkt die Tastenfolge CTRL + K und anschließend S das Abspeichern von Informationen auf Diskette.

Tastennorm, Tastaturtyp keyboard standard, keyboard type
Tastennormen sind DIN, SM, ASCII, DIN 2137, QWERTY. Sie bestimmen die Funktionsbelegung von Eingabetastaturen und sind deshalb ein wichtiges Merkmal bei der Auswahl eines Computersystems.

Tastenrückmeldung key backfeed
Akustisches Signal oder zusätzlicher Druckpunkt für die Tastaturbedienung, um durch sensorische Rückmeldungen den Bewegungsablauf bei der Tastenbedienung zu beschleunigen.

Teildatei sub-file
Untermenge einer Datenbankdatei. Charakteristik von Teildatei und Datei sind identisch.

Teilnehmer-BASIC time sharing BASIC
Erweiterte Version der Programmiersprache BASIC für Timesharing-Aufgaben.

Teilnehmerverfahren, Timesharing time sharing
In Timesharing-Systemen arbeiten verschiedene Anwender gleichzeitig mit einem Computersystem über mehrere Datenstationen. Die Rechner-Ressourcen werden dabei den einzelnen Benutzerprogrammen in Zeitintervallen (Zeitscheiben) zugeteilt. Aufgrund der hohen internen Verarbeitungsgeschwindigkeit des Rechners besteht für den Benutzer der Eindruck, daß ihm die gesamte Leistung des Rechners zur Verfügung steht.

Telefonservice call service
Von einigen Computerherstellern angebotene Kundendiensteinrichtung, die im Falle einer Betriebsstörung telefonisch erreichbar ist und die Zeit bis zur Behebung des Fehlers verkürzt.

Terminal, berührungsempfindliches terminal, touch
Terminal (z. B. Bildschirm mit Tastatur), das die Kommunikation zwischen Mensch und Computer durch einfaches Berühren der Bildschirmoberfläche erlaubt. Die Verfahren sind Infrarottechnik (Positionsfeststellung durch Unterbrechung von Infrarotstrahlen), mechanisch (Feststellung der Berührungspunkte durch Umwandlung von analoger Spannung in digitale Werte) und kapazitiv (Glasplatte mit leitender Metallschicht).

Terminal-Interface terminal interface
Für Datenstationen (Terminals) entwickelte Anschlußgeräte, die zur Anpassung von Spannungspegel, Geschwindigkeit etc. dienen.

Testbarkeit testability
Bei Programmen die Fähigkeit, Fehler zu identifizieren. Beeinflußt die Entwicklungs- und Betriebskosten von Software erheblich.

Testprogramm, Prüfprogramm test program
Programme, die die Funktionsfähigkeit eines Computersystems überprüfen.

Text-Editor text editor
Systemprogramm zur Erstellung und Aufbereitung von Programm- und Daten-Dateien (Files). Hinzufügen (Insert), Kopieren (COPY) und Löschen (Delete) von Zeilen sind typische Editor-Funktionen. Mit Fullscreen-Editoren kann man eine ganze Bildschirmseite verändern und bearbeiten.

Textprozessor word processor
Speziell für Textverarbeitungsaufgaben konzipiertes Rechnersystem.

Textverarbeitung word processing
Automatisierung von Schreibarbeiten aller Art mit Unterstützung des Computers. Textverarbeitungssysteme lassen sich oft mit anderen Systemen verbinden (z. B. mit Datenbanken, Adreßverwaltung, Fakturierung) und bieten damit eine Integration von EDV und automatisiertem Schreibdienst. Viele Unternehmen erledigen bereits ihre gesamte interne und externe Textkommunikation mit Textcomputern. Anhand von Katalogen mit Textbausteinen lassen sich im Korrespondenzbereich Geschäftsbriefe beliebig zusammensetzen, ohne daß jeder Brief neu von Hand getippt werden muß. Entscheidende Leistungssteigerungen werden auch durch die Koppelung von Text- und Satzherstellungssystemen für Drucksachen erreicht.

Thermodrucker thermal printer
Matrixdrucker. Abbildung der Druckzeichen auf speziellem Thermopapier erfolgt durch Erwärmung. Niedriger Geräuschpegel, Durchschläge.

Tintenstrahldrucker ink jet printer
Drucker mit hoher Schreibgeschwindigkeit und niedrigem Geräuschpegel. Die Zeichenabbildung erfolgt mit Hilfe von Düsen, durch die die Tinte auf das Druckpapier gespritzt wird. Diese Drucktechnik bietet dem Anwender zu einem entsprechenden Preis eine hohe Druckqualität.

Tiny Basic
Teilmenge der leicht zu erlernenden Programmiersprache BASIC mit geringerem Funktionsumfang. Der Speicherbedarf liegt etwa bei 4 KByte.

Tongenerierung sound generation
Über die Tastatur oder per Programmsteuerung generierbare Töne, die über Lautsprecher ausgegeben werden und die Voraussetzung für bestimmte Anwendungsbereiche wie z. B. Computerspiele oder Musikkompositionen sind.

TP-Monitor teleprocessing monitor
Monitor, der Messungen über die Belastung der einzelnen Systemkomponenten durchführt. Er wird für eine vorge-

gegebene Zeit gestartet – meist in der Zeit der größten Systembelastung. Gemessen wird z. B. die Belastung CPU, Platte, Kanäle und Hauptspeicher. Außerdem gibt der Monitor Auskunft darüber, welches Programm wie lange aktiv war und ob und wie oft es im Meßintervall aus dem Massenspeicher in den Hauptspeicher geladen wurde. Man sieht auch, wie lange ein Programm warten mußte.

TRACE
Häufig verwendeter Befehl für das Austesten von Programmen. Der Programmablauf wird im Einzelschritt gesteuert.

Transportebene transfer layer
Normempfehlung der Internationalen Organisation für Standardisierung (ISO) zu Steuerprotokollen. Regelt die Übertragung von Nachrichten zwischen Datenstationen. Dient auch zur Identifizierung von Gesprächsteilnehmern.

Trap trap
Nichtprogrammierter Sprung in einer bestimmten hardwaremäßigen Situation an eine genau festgelegte Stelle.

Treiber driver
a) Programm eines Betriebssystems zur Steuerung von angeschlossenen Geräten.
b) Schaltkreis zur Verstärkung von Bus-Signalen.

TTL
Abk.: Transistor-Transistor Logic.

TTY
Abk.: TeleTYpe (Fernschreiber).

Tuning tuning
Maßnahmen zur optimalen Nutzung von Computersystemen. Im allgemeinen führt man zunächst Performance-Messungen mit Hilfe eines TP-Monitors durch und entscheidet sich dann für geeignete Maßnahmen, um die Performance zu erhöhen. Beispiel: Vergrößern oder Verkleinern von Arbeitsbereichen, Löschen von Programmpaketen, die nicht verwendet werden (speziell bei Speicherproblemen), Erhöhen oder Erniedrigen von Programm- oder Gerätepriotritäten, doppelte Speicherung von häufig verwendeten Systemprogrammen, oft benutzte System- oder Anwendungsprogramme im Hauptspeicher resident machen, d. h. sie werden nur einmal, und zwar beim Hochfahren des Computers, geladen.

Typenraddrucker daisy-wheel printer
Druckertyp für hohe Korrespondenzqualität. Die um einen Zylinder angeordneten Schriftzeichen garantieren eine sehr gute Wiedergabequalität bei relativ hohem Geräuschpegel (im Vergleich zu Matrixdruckern).

U

UCSD-PASCAL
Version der Programmiersprache PASCAL. USCD-PASCAL wurde an der University of California entwickelt und arbeitet mit Compiler und Interpreter. (P-Codegenerierung und -verarbeitung).

überregionales Netzwerk large network
Kommunikationssystem, dessen einzelne Komponenten (Rechner, Speicher, E/A-Geräte etc.) geographisch weit auseinanderliegen und über Fernübertragungskanäle miteinander in Verbindung stehen (s. auch lokales Netzwerk).

Überschreiben overwrite
Speichern von neuen Daten, wobei der alte Speicherinhalt gelöscht wird.

Übertragungsgeschwindigkeit transfer rate
Die innerhalb einer bestimmten Zeiteinheit übertragene Bit-Zahl.

Übertragungs-Schnittstellenschaltung ACIA (Asynchronous Communications Interface Adapter)
Interface-Schaltung zur Kontrolle des Datentransfers zwischen der Computer-Übertragungsleitung.

Überwachungssoftware für Anwenderprogramme control software for application programs
Softwarepaket, das mit Hilfe von Stichprobenentnahmen auf Verbesserungsmöglichkeiten in Anwenderprogrammen hinweist, um Produktivitätssteigerungen bei der Programmentwicklung zu erzielen.

Umgebungsbedingungen environmental conditions
Umgebungsverhältnisse, in denen ein System oder Gerät optimal arbeitet, wie z. B. Luftfeuchte, Temperatur. Meist bei den technischen Daten (Spezifikationen) in Form von Grenzwerten angegeben.

Umschalten (Tasten) shift
Bei Tasten, die mit mehreren Funktionen belegt sind (z. B. Groß-/Kleinschreibung auf der Eingabetastatur eines Terminals) die Auswahl der gewünschten Tastenfunktion. Meist in Verbindung mit der „Shift"-Taste.

Umschalt-Taste shift key
Funktionstaste auf der Eingabetastatur eines Terminals, deren Betätigung die gewünschte Funktion bei einer mehrfach belegten Taste (z. B. Groß-/Kleinschreibung) auslöst.

Umspulen rewind
Bei Magnetbandgeräten Rücklauf des Bandes mit hoher Geschwindigkeit bis zur Bandanfangsmarke (BOT).

UND AND
Vergleichsoperator bei logischen Verknüpfungen.

UND-Gatter AND gate
Logische Schaltung, bei der ein Ausgangssignal verfügbar wird, wenn an jedem Eingang ein Signal anliegt.

Unibus
Minicomputerbus der Firma Digital Equipment für die Computerfamilie PDP-11.

Universeller synchroner/asynchroner Empfänger/Sender USART (Universal Synchronous/Asynchronous Receiver/Transmitter)
Parallel-/Serien-Umsetzer für synchrone und asynchrone Datenübertragung.

Universeller synchroner Empfänger/Sender USRT (Universal Synchronous Receiver/Transmitter)
Mikroprozessorbaustein zur Umwandlung von parallelen Daten in serielle Bitfolgen. Die Übertragung erfolgt dabei synchron bei permanentem Senden bzw. Empfang der Information.

UNIX
Für den Einsatz auf Mikrocomputern konzipiertes Betriebssystem. UNIX ist ein weit verbreitetes, klar aufgebautes Betriebssystem, das wegweisend für die Entwicklung einer ganzen Reihe von anderen Betriebssystemen war. Die Programmiersprache von UNIX heißt „C". Mit UNIX können mehrere Benutzer parallel arbeiten (Multi-User-Betrieb).

Unterbrechung, interrupt interrupt
Anhalten der normalen Ausführung eines Programms, um eine bestimmte Routine für die Bearbeitung zuzulassen. Hierzu werden Unterbrechungsanforderungen an die Zentraleinheit gesendet, die diese entsprechend bearbeitet.

Unterbrechungsanforderung interrupt request
Anfrage – etwa von einem externen Gerät wie Disketteneinheit – an die Zentraleinheit (CPU), den Programmablauf für die Durchführung von anderen Operationen zu unterbrechen.

Unterbrechungs-Behandlungsprogramm interrupt handler
Spezielles Programm, das aufgrund der Unterbrechungsanforderungen (z. B. von externen Geräten) die geeigneten Maßnahmen zur Bearbeitung dieser Unterbrechungsanforderung einleitet.

unterbrechungsfreie Stromversorgung (USV) power fail protection
Unterbrechungsfreie Stromversorgung (USV) sichert die Wechselstromversorgung auch bei Stromausfällen.

Unterlänge von Zeichen descender
Zeichensegmente, die in vertikaler Richtung nach unten über die Grundlinie hinausgehen (z. B. bei den Zeichen p, y.)

Unternehmenssimulation organization simulation
Zur Realität vereinfachtes Modell für die Darstellung von Unternehmensfunktionen, wie Interdepenzen und Interaktion von Absatzmärkten. Diese Modelle dienen z. B. Führungskräften als Übungsmöglichkeit für die Durchführung von Entscheidungs- und Planungsprozessen in einem komplexen wirtschaftlichen Umfeld.

Unterprogramm subprogram
Programme, die im allgemeinen zur Ausführung von repetierenden Funktionsabläufen vom Hauptprogramm aufgerufen werden.

Unterschriftenleser signature reader
Lesegerät zur direkten Informationseingabe in Computersysteme. Diese Lesegeräte erfassen Unterschriften, z. B. für Zugriffs- und Zutrittskontrollsysteme (access system), wobei auch Schwankungen im Schriftbild erkennbar sind. Zu den Einsatzgebieten von Unterschriftenlesern gehören Computersysteme, Bankautomaten, Betriebskontrollen, Entwicklungslabors etc.

Untersystem slave system
In einem hierarchischen Organisationskonzept (Master/Slave-Konfiguration) das System, das untergeordnete Funktionen ausführt.

Urlader, Bootstrap-Lader bootstrap program
Unmittelbar nach Einschalten des Computersystems zu startendes Systemprogramm, das mit seinen Input-/Output-Routinen die Voraussetzung für den Ablauf der Programmierung ist.

Urladerbereich boot-strap area
Für die Aufnahme des Urladers (Ladeprogramm) reservierter Speicherbereich.

UV-Licht UV light
Wird bei bestimmten Speichertechniken zum Löschen der im Speicher enthaltenen Informationen verwendet (s. EPROM-Löschgerät).

V

Variable variable
Speicherstellen im Hauptspeicher, die mit einem Namen und einem Typ (z. B. string, run) versehen sind. Der Wert der Variablen (veränderlichen) kann mit Programmbefehlen geändert und abgefragt werden (z. B. A=5, Variable erhält den Wert 5, IF A=5 THEN GOTO X – Abfrage).

VDRZ
Abk.: Verband Deutscher Rechenzentren.

Vektor vector
Gerichtete Strecke, die neben ihrer absoluten Größe auch durch ihre Richtung gekennzeichnet ist.

Vektoralgebra vector algebra
Algebraisches Rechnen mit der Verwendung von Vektoren.

veränderbarer Speicher alterable memory
Speichertyp, bei dem der Speicherinhalt beliebig modifizierbar ist.

Verarbeitungsart computer operation
Betriebsmodus einer Rechenanlage. Die komfortable interaktive Datenverarbeitung zählt heute zu den häufig verwendeten Verarbeitungsarten. In dieser Betriebsart kommuniziert der Bediener mit dem Computer im Dialog. Eine weitere Verarbeitungsart ist die Stapelverarbeitung, d. h., die Aufträge werden dem Computer übergeben und dann von diesem der Reihe nach verarbeitet.

Vergleichsoperator comparison operator
Symbole, die verwendet werden, wenn Werte miteinander verglichen werden.

Verkettung daisy chain
Serielle (reihenförmige) Anordnung verschiedener Einheiten eines Systems für den Datentransfer, z. B. bei Disketten-Laufwerken.

Verknüpfung (von Zeichenketten) concatenation
Zeichenketten können mit Hilfe eines Verknüpfungszeichens verbunden werden, z. B.
A = „SCHLECHT",
B = „WETTER",
C = A/B oder
A + B = „SCHLECHTWETTER".

VersaForm (Apple II)
Anwendungsprogramm für kaufmännische und professionelle Aufgaben. VersaForm bietet Funktionen für die verschiedensten betrieblichen Bereiche, wie z. B. Auftragsabwicklung, Produktion und Vertrieb.

Verschachteln von Subroutinen (Unterprogrammen) nesting of subroutines
Werden in einer Subroutine weitere Subroutinen aufgerufen, so ist das eine Verschachtelung.

verschachteltes Programm nested program
Programmtechnik. Das Hauptprogramm ruft ein Unterprogramm zur Ausführung auf. Das aufgerufene Unterprogramm kann nun wiederum selbst ein weiteres Unterprogramm aufrufen.

Verschachtelung nesting
Segmentierung von Softwareprogrammen in einzelne Unterprogramme. Diese Subroutinen bestehen wiederum aus Variablen. Die Variablen haben Zugang in Subroutinen. In umgekehrter Richtung bestehen jedoch keine Zugriffsmöglichkeiten.

verschiebbar relocatable
Im Speicher frei verschiebbar, d. h. unabhängig von einer absoluten Adresse.

verschieben shift
Verschieben von binären Daten in einem Register. Der Datentransfer kann dabei nach links oder rechts erfolgen. Entsprechend sind auch parallele und serielle Verschiebungen möglich.

Verschiebungsbefehl für Grafikausgabe move instruction for graphic output
Anweisung für die Steuerung des Cursors am Bildschirm. Damit lassen sich vom Benutzer beliebige graphische Darstellungen (z. B. Bewegungsabläufe in Computerspielen) problemlos am Bildschirm generieren.

Version release
Programme und Systeme werden im Zuge ihrer Weiterentwicklung laufend in ihrem Funktionsumfang verändert bzw. erweitert. Dies bedeutet, daß im Laufe der Zeit neue Systemversionen z. B. eines Betriebssystems lieferbar sind. Die verschiedenen stufenweise weiterentwickelten Systeme werden dann vom Hersteller als Version I, II, III ... bezeichnet.

vertikaler TAB vertical tab
Anweisung zur Ansteuerung von Ausgabepositionen (in vertikaler Richtung) am Bildschirm.

Vertriebsbeauftragter (VB) sales representative
Qualifizierter Mitarbeiter im Vertriebsbereich eines EDV-Anbieters, der neben seiner Verkaufstätigkeit auch beratende Funktionen ausübt.

verzögerte Ausführung delayed execution
Die verzögerte Ausführung eines Programms wird durch das Einschieben von Programmschritten erreicht, die keine Wirkung haben. Diese „wirkungslosen" Befehle benötigen Ausführungszeit, haben aber keine Veränderungen zur Folge. In der grafischen Datenverarbeitung z. B. kann man damit ein Objekt (z. B. Ball) langsam oder schneller über den Bildschirm steuern (der Ball springt also schneller oder langsamer).

Verzögerung lag
Bezieht sich auf Ereignisse und Prozesse, die zeitlich verzögert ablaufen.

Verzweigungsadresse branch address
Programmadresse, die als nächstes nach einer Entscheidung angesprungen werden soll, z. B. bei IF-Abfrage.

Video-Generator video generator
System zur Erzeugung von grafischen Darstellungen am Bildschirm.

Videosichtgerät video display unit
(s. Bildschirmeinheit)

virtuelle Adresse virtual address
In einem virtuellen Speicher (s. dort) die Adresse, die eine bestimmte Speicherzelle angibt.

virtueller Speicher virtual memory
Für die Benutzung durch den Anwender vorgesehener Speicher, der im allgemeinen die Kapazität des realen Speichers eines Rechners beträchtlich überschreitet. Durch Ein- und Auslagerungsoperationen (Paging) zwischen Arbeitsspeicher und externem Massenspeicher befinden sich im Arbeitsspeicher immer nur diejenigen Programmsegmente und Daten, die zur Verarbeitung anstehen, so daß die Speicherkapazität vom Standpunkt des Bedieners aus größer ist, als dies real der Fall ist.

VISICALC
Programmsystem für rechnerische Aufgaben aus den verschiedensten Bereichen (z. B. Finanzplanung). Grundlage von VISICALC ist ein „elektronisches" Arbeitsblatt, das am Bildschirm erscheint und im Computerspeicher enthalten ist. In das in Spalten und Zeilen aufgeteilte Arbeitsblatt lassen sich Planzahlen etc. eintragen.

VisiPlot
Programm für die Darstellung von Grafiken aus den verschiedensten kaufmännischen Einsatzgebieten.

VisiSchedule
System für Kostenoptimierung und Projektplanung.

VLSI (Very Large Scale Integration)
Halbleitertechnik, wobei auf einem Baustein (Chip) mehr als 10 000 Gatterfunktionen realisiert sein können.

VMOS (Vertical MOS)
Halbleitertechnik.

Vocoder
System für die synthetische Generierung der menschlichen Stimme, wie sie in der Kommunikation mit Computersystemen bei der Ausgabe von Rechner-Ergebnissen zum Einsatz kommt.

Volt, V volt
Einheit der elektrischen Spannung.

Vorlauf, schneller forward, fast
Bewegung des Magnetbands bis zur Bandendemarke mit hoher Geschwindigkeit.

Vorrechner front-end processor
An einem Hauptrechner angeschlossener Computer, der zur Entlastung des Hauptrechners bestimmte Aufbereitungsarbeiten innerhalb der Datenkommunikation durchführt.

Vorschub feed
Bei Druckern Papiertransport in Vorwärtsrichtung; bei Bildschirmeinheiten der Sprung des Cursors zur nächsten Zeile (s. Papiervorschub und Zeilenvorschub).

V.24-Schnittstelle V.24 interface
Standard-Interface für serielle Übertragung (Anschluß externer Geräte).

W

Wagenrücklauf carriage return
Bei einem Drucker z. B. der Rücklauf des Schreibkopfes an der betreffenden Zeile; bei einem Bildschirmgerät die Bewegung des Cursors zum Zeilenanfang. Für den Wagenrücklauf steht auf der Eingabetastatur eine spezielle Funktionstaste zur Verfügung.

wahlfreier Zugriff random access
Diese Zugriffsart ermöglicht die direkte Adressierung der gewünschten Daten im Speicher.

wahr true
Eine logische Variable kann die Werte WAHR (TRUE) oder FALSCH bzw. UNWAHR (FALSE) annehmen. Wird ein Vergleich oder ein Test durchgeführt, so wird die logische Variable auf WAHR, also auf 1 gesetzt.

Warmstart warm start
Bei diesem Start werden Betriebssystem und Anwendungsprogramme erneut in den Arbeitsspeicher geladen. Es erfolgt jedoch kein Rücksetzen der Datenbereiche. Alle Variablen bleiben mit ihren bisherigen Werten erhalten. Drucker- und Job-Warteschlangen werden bei Computern mit Warteschlangenverwaltung nicht verändert.

wartendes Programm waiting program
Programm, das zur Festsetzung des Programmablaufs auf eine bestimmte Operation wartet (z. B. Ein-/Ausgabe von Daten).

Warteroutine wait routine
Kleines Programm, das ausschließlich zeitliche Funktion ausübt, Daten oder Variablen also nicht verändert werden.

Warteschlange queue
Daten, die in einer geordneten Reihe auf ihre Verarbeitung in einer DV-Anlage warten.

Watt, W watt
Einheit der elektrischen Leistung. Ein Watt ist die Leistung, die in einem Widerstand von 1 Ohm beim Durchfließen eines Stromes von 1 A verbraucht wird.

Wert von Variablen value of variables
Ein Variablenname verweist immer auf eine Speicherstelle. Der Wert, der in dieser Speicherstelle steht, ist der Wert der Variablen. Er kann sich durch eine Wertzuweisung ändern.

Wiederherstellung (Datenbank) restore (data base)
Im Falle eines Hardware- oder Systemausfalls muß die Datenbank rasch wieder in einen definierten Zustand versetzt werden. Dafür stehen im allgemeinen Dienstprogramme zur Verfügung, die z. B. eine Kopie der konsistenten Datenbank anlegen und auf der Grundlage dieser Kopie nach einem Störungsfall eine Rekonstruktion vornehmen. Das Journal protokolliert dabei die Transaktionen des Anwenders (z. B. Datenabrufe).

Wiederholanweisung repetition statement
Als Wiederholanweisungen (Zyklusan-

weisung) werden in der Programmiersprache Pascal die While-, Repeat- und Foranweisung (s. dort) bezeichnet.

While-Anweisung while statement

Anweisung in der Programmiersprache Pascal, die bis zur Erstellung einer bestimmten Bedingung zur Programmlaufzeit durchlaufen wird.

Wirewrap wire-wrap

Verfahren zur Kontaktherstellung bei der Koppelung von Komponenten durch Drahtwicklung um quadratische Stifte.

Wired-Only-Tastatur wired-only keyboard

Verdrahtete Tastatur ohne elektrische Komponenten.

wissenschaftliche Schreibweise scientific notation

Darstellungsart für Zahlen mit Exponenten. 7,5 E + 3 bedeutet $7,5 \times 10^{+3}$ = 7500. Damit lassen sich sehr große Zahlen bzw. sehr kleine Zahlen mit optimaler Genauigkeit darstellen.

Worte pro Minute, WPM words per minute (WPM)
(s. WPM [Words Per Minute])

Wortlänge word length

Die von der Zentraleinheit eines Computers gleichzeitig verarbeitbare Bit-Menge. Die Bit-Zahl (Wortlänge) wird auch als Größenmerkmal von Rechenanlagen verwendet.

WordMaster

Programmsystem (Editor) für die Eingabe und Korrektur von Daten am Bildschirm.

Word Star

Programmsystem für Textverarbeitung am Bildschirm.

WPM words per minute

(Worte pro Minute) – Geschwindigkeitsangabe bei der Übertragung von Daten.

WRITE

Häufig verwendeter Befehl für das Einschreiben von Daten in einem Speicher.

WS

Abkürzung: Working Space (Arbeitsspeicherbereich)

X

X
Abkürzung: Indexregister (s. Indexregister).

xerografischer Drucker xerographic printer
Drucker, die nach dem Prinzip des xerografischen Kopierens arbeiten. Diese Drucker bieten Korrespondenzschrift-Qualität (wie elektronische Schreibmaschinen) und ermöglichen Zeichnungserstellung wie auch das Anfertigen von Kopien. Weitere Anwendungen sind Faksimile-Geräte, Teletex-Ausgabe, Grafik- und Zeichenkombination. Häufig wird mit einem Laserstrahl auf Trommel geschrieben.

XMT
Abkürzung: transMit (Senden).

X-Y-Plotter xy-plotter
Datenausgabegerät eines Computers zur Erstellung von Zeichnungen auf Papier oder anderen Materialien mit Hilfe eines x-y-Koordinatensystems.

X-Y-Schreiber xy recorder
Schreibgerät für die Ausgabe des zeitunabhängigen Zusammenhangs von zwei Variablen.

Z

Zähler counter
Teil eines Geräts zum Erhöhen oder Verringern von Werten.

Z-Code z-code
Programmiersprache, die ihre Position zwischen Assembler und höheren Programmiersprachen einnimmt. Einsatzgebiete der Z-Codes sind Echtzeit- und Multitaskaufgaben im industriellen Bereich mit dem Ziel einer Vereinfachung der Programmierung von Rechner unterschiedlicher Größenordnung.

Zehnerblock number pad
Auf der Eingabetastatur eines Terminals ein separat angeordneter Tastenbefehl für die Eingabe von Zahlen.

Zeichen character
Kleinste Einheit in einem Datenbestand. Zur Darstellung von Text werden z. B. Buchstaben sowie numerische und Sonderzeichen verwendet. Zeichen sind auch ein Datentyp höherer Programmiersprachen, wo sie als vom Rechner zu codierende Zeichen Programmentwicklungen im Rahmen der Textverarbeitung erlauben.

Zeichen, nichtdruckend und druckend character, printing and non-printing
Jedes Zeichen wird durch ein Byte dargestellt. Es gibt druckende Zeichen, d. h., sie sind auf dem Bildschirm oder Drucker sichtbar (z. B. Buchstaben, Sonderzeichen). Bei den anderen Zeichen handelt es sich um nichtdruckende Zeichen (häufig Steuerzeichen).

Zeichenauflösung character resolution
Zur Differenzierung unterschiedlicher Zeichen und Symbole sind bestimmte Auflösungswerte erforderlich. Typisches Beispiel sind Punkt-Matrixdarstellungen. Bei einer 7×9-Matrix wird z. B. ein Zeichen mit 7 horizontalen und 9 vertikalen Punkten dargestellt.

Zeichendarstellung character representation
Die Informationen am Bildschirm erscheinen bei den meisten Systemen in grüner Farbe auf einem dunklen Hintergrund. Einige Geräte geben die Daten in gelber Farbe auf dunklem Hintergrund aus. Verschiedene Hersteller bieten einen „invertierten Modus" − umgekehrte Darstellung − an (s. invertierte Darstellung).

Zeichenfolge string
Kodierte, alphanumerische Zeichenkette.

Zeichengerät, Plotter plotter
An einen Rechner anschließbares Gerät zur grafischen Darstellung der im Computer enthaltenen Daten auf Papier oder Aufzeichnungsmaterialien, wie Film etc.

Zeichenkapazität character capacity
a) Anzahl der verfügbaren Zeichen, die z. B. bei Bildschirmeinheiten oder Druckern dargestellt werden können.
b) Speichervolumen in Zeichen.

Zeichenkette string
(s. Zeichenfolge)

Zeichensatz character set
Gesamtheit der verfügbaren Zeichen – Zeichenvorrat –, (z. B. bei einem Drucker oder Bildschirmterminal).

Zeichnungsleser drawing reader
Lesegerät zur direkten Eingabe von Zeichnungen in ein Computersystem. Die Zeichnungen werden optisch erfaßt, digitalisiert und auf entsprechende Speichereinheiten (z. B. Diskette) übertragen.

Zeiger pointer
Zeiger werden für Adreßrechnungen verwendet und sind ein Datentyp höherer Programmiersprachen.

Zeile line
Alle Zeichen, die nebeneinander stehen.

Zeile in einem Programm lines in a program
In vielen Programmiersprachen entspricht eine Zeile im Programm einem Befehl.

Zeilendrucker, Paralleldrucker
line printer
Druckertyp mit hoher Geschwindigkeit, bei dem eine ganze Typenreihe gleichzeitig abgedruckt wird. An der gewünschten Druckposition werden immer die Schrifttypen angeschlagen, die für dieses Druckbild gerade benötigt werden.

Zeilennumerierung, automatische
line numbering, automatic
In vielen Editoren erfolgt die Zeilennumerierung automatisch. Bei Mikrocomputern gibt man oft die erste Zeilennummer und die Schrittweite an.

Zeilennumerierung, manuelle
line numbering, manually
Bei Mikrocomputern wird oft mit manueller Zeilennumerierung gearbeitet, wobei vor jedem Programmbefehl die Nummer steht. Die Reihenfolge der Programmbefehle richtet sich ausschließlich nach diesen Nummern – nicht nach der Reihenfolge der Eingabe.

Zeilennummer line number
Jede Zeile in einem Programm hat eine Nummer. Die Numerierung sollte möglichst in Zehnerschritten erfolgen, damit sich Einfügungen leichter durchführen lassen.

Zeilenvariable string variable
Variable, die nur für Zeichenketten (Strings) vorgesehen ist. In Basic enden diese Variablen mit einem Zeichen.

Zeilenvorschub line feed
Drucker: Papiertransport in Vorwärtsrichtung um eine Zeile.
Bildschirm: Sprung des Cursors um eine Zeile nach unten.

Zeitscheibe time slice
Zeitintervall für die Ausführung von Programmen im Multiprogramming-System. Bei der Simultanverarbeitung (paralleler Programmablauf) gewährt das Betriebssystem des Computers jedem einzelnen Prozeß oder Programm für eine bestimmte Zeitdauer (Zeitscheibe) die Benutzung der Zentraleinheit.

Zelle cell
(s. Speicherzelle)

Zentraleinheit central processing unit (CPU)
Die Zentraleinheit, auch CPU genannt, bildet das Verarbeitungszentrum eines Computersystems. Die Zentraleinheit umfaßt Steuerwerk, arithmetisch-logische Einheit, Register. Weitere Bestandteile der Zentraleinheit sind im allgemeinen Mikroprogramm, Akkumulator sowie Bussysteme.

zerstörendes Lesen destructive reading
Die in einem Speicher enthaltenen Informationen werden zerstört, wenn sie aus dem Speicher gelesen werden.

Zielsprache target language
Begriff aus der Linguistik. Bezeichnet bei Programmiersprachen die Sprache, in die ein Programm übersetzt werden soll.

Ziffer mit höchstem Stellenwert most significant digit (MSD)
In einer Zahl die Position mit dem höchsten Stellenwert.

Ziffer mit niedrigstem Stellenwert least significant digit

19-Zoll-Norm 19-Inch-Standard
International angewandte Standards für Gehäuse (USAS C 83.9, IEC 297, DIN 41 494).

Zoom-Funktion zoom option
In der grafischen Datenverarbeitung die Möglichkeit, bestimmte Bildschirmausschnitte durch die Angabe von Vergrößerungsfaktoren am Bildschirm einzustellen.

ZSID (CP/M)
Fehlersuchprogramme für Z80-Programm. Zu den Programmfunktionen gehören Trace, Backtrace, Breakpoint, Befehlsausführungskontrolle. Für Speicher- und Befehlszugriffe stehen symbolische Namen zur Verfügung.

Zufallsfehler random failure
Nicht vorhersehbarer Fehler innerhalb einer festgelegten Zeitspanne.

Zufallszahlenfunktion random generator
Diese Funktion wählt eine zufällige Zahl innerhalb vorgegebener Grenzen aus, die dann ausgegeben wird.

Zugriff access
Vorgang der Entnahme bzw. Eingabe von Daten aus einer festgelegten Stelle im Speicher eines Computers.

Zugriffsberechtigung access authorization
Erlaubnis, Daten auf einer Datenbank abzurufen.

Zugriffsweg, gemeinsamer access path, common
Von mehreren logischen Dateien verwendbarer Zugriffsweg. Das bedeutet bei reduziertem Verwaltungsaufwand für Zugriffswege die Möglichkeit eines gemeinsamen Zugriffs.

zuordnen allocate
Das Zuteilen von Speicherbereichen für Programme.

Zusatzeinrichtung option
Vom Hersteller lieferbare Zusatzkomponenten, die nicht zur Standardausrüstung eines Systems gehören.

Zusatzregister extension register
Zur Erweiterung vorgesehenes Register, wie dies z. B. bei einem Überlauf des Akkumulators erforderlich ist.

Zusatzspeicher secondary storage
Der auf externen Speichereinheiten (Diskettenlaufwerk, Magnetbandeinheit etc.) für den Computer verfügbare Speicherraum.

Zustandsbit status bit
Dient zur Anzeige von Informationen über einen definierten Zustand (z. B. Überlauf).

Zuverlässigkeit reliability
Die über eine bestimmte Zeitspanne unter spezifischen Bedingungen erreichte Wahrscheinlichkeit, mit der ein System seine Anforderungen erfüllt.

Zweiadreß-Befehl two-address instruction
Befehl, der in seinem Adreßteil zwei Operandenadressen beinhaltet.

Zwischenspeicher intermediate storage
Speicher, der Informationen vorübergehend aufnimmt.

zyklische Blockprüfung CRC (Cyclic Redundancy Check)
In der Datenkommunikation verwendetes Verfahren zur Überprüfung von Daten auf deren einwandfreie Übertragung. Auf Sender- und Empfängerseite erfolgt eine Division, wobei der resultierende Rest als Prüfzeichen die Feststellung der Korrektheit einer Transferoperation in bezug auf die Daten ermöglicht.

zyklische Redundanzprüfung cyclic redundancy check
Prüfung von Daten unter Verwendung eines Prüfzeichens. Als Prüfzeichen gilt die Quersumme aller Zeichen und Spuren.

Mikrocomputer Lexikon

Empfohlen in CAPITAL persönlich 2/83 (Wirtschaftsmagazin CAPITAL)

Mikro-Computer-Welt 4/83: Praxisnahe Fachbegriffe...dieses Werk eignet sich nicht nur für erfahrene Computerbenutzer, sondern auch für die Einsteiger. Die Suchbegriffe stammen aus der aktuellen Mikro- und Personal-Computer-Literatur.

Elektronik- Journal 6/83: „Ein brauchbares, prägnantes Nachschlagewerk."

Reinhold Falkner
Mikrocomputer-Lexikon
181 Seiten, über 1500 Fachbegriffe exakt definiert + Register Englisch/Deutsch.

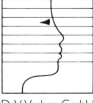

DeV Verlags-GmbH

Die gro[ßen]
der Personal Compute[r]

M20 Der »Mittelständische«

M10 Der Mobile

Personal Computer M20: 16-bit-Rechner, konfigurierbar nach Ihren Wünschen. Jetzt neu: Komplett Computern! Mit dem Paket für die mittelständische Wirtschaft.

Personal Computer M10: Mobil. Abmessungen: DIN A4 groß und 6 cm hoch. Und trotzdem ein vollwertiger professioneller Personal Computer. Anschlußmöglichkeit an andere Computer.

Familie
on Olivetti ist komplett:

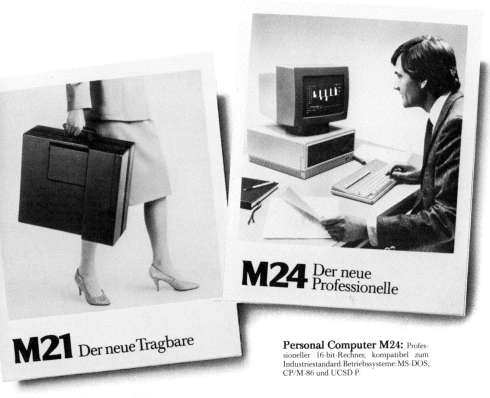

M24 Der neue Professionelle

M21 Der neue Tragbare

Personal Computer M21: Ein tragbarer 16-bit-Rechner mit 9-Zoll-Bildschirm sowie einer oder zwei Disketten-Stationen. Kompatibel zum Industriestandard.

Personal Computer M24: Professioneller 16-bit-Rechner, kompatibel zum Industriestandard. Betriebssysteme: MS-DOS, CP/M-86 und UCSD P.

Schicken Sie uns diesen Coupon.
Wir informieren Sie gerne ausführlich über die große Familie der Personal Computer von Olivetti.

An die Deutsche Olivetti DTS GmbH, Postfach 71 01 25
6000 Frankfurt am Main 71

Name:

Firma:

Straße:

PLZ/Ort: M24/41-Mc1

Zubehör mit diesem Zeichen ▢ gewährleistet die optimale Funktion Ihres Olivetti-Gerätes.

olivetti
Europas größter Büromaschinen-
und Informatik-Konzern.

Register
Englisch/Deutsch

A

abort	Abbruch
A-bus	A-Bus
absolute address	absolute Adresse
absolute addressing	absolute Adressierung
absolute loader	absoluter Lader
absolute programming	absolute Programmierung
ac	
AC	
access	Zugriff
access authorization	Zugriffsberechtigung
access path, common	Zugriffsweg, gemeinsamer
ACIA (Asynchronous Communications Interface Adapter)	Übertragungs-Schnittstellenschaltung
ACIA	
ACK	
acknowledge	Quittierung
ACM	
acoustic coupler	Akustikkoppler
ACT	
active program	ablauffähiges Programm
actual value	Istwert
ACU	
ADA	
ADC	
A/D-Converter	A/D-Wandler
adder	Addierer
add-in/add-on memory	Add-in/Add-on-Speicher
add instruction	Additionsbefehl
add-on kit	Nachrüstsatz
address	Adresse, adressieren
address arithmetic	Adreßrechnung
address counter	Adreßzähler, Befehlszähler
address bus	Adreßbus
address format	Adressenformat
address part	Adressenteil
address switch	Adreßschalter
addressing modes	Adressierungsdaten
Algol	Algol
algorithm	Algorithmus
allocate	zuordnen
alphanumeric	alphanumerisch
alphanumeric character set	alphanumerischer Zeichensatz

alphanumeric data entry terminal	alphanumerisches Dateneingabeterminal
Alpha Plot	
alterable memory	veränderbarer Speicher
ALU	
American Standard Code for Information Interchange (ASCII)	Amerikanischer Standard-Code für Informationsaustausch
Ampersand &	Und-Zeichen
analog	analog
analyzer	Analysator
analog digital converter (ADC)	Analog-Digital-Umsetzer, A/D-Wandler
analog recording	Analogaufzeichnung
AND	UND
AND gate	UND-Gatter
ANSI	
answer buffer	Antwortpuffer
APL (A Programming Language)	APL
Apple-Pilot	
application area	Anwendungsbereich
application layer	Applikationsebene
application program	Anwendungsprogramm
application programmer	Anwendungsprogrammierer
arbitration	Arbitration
architecture	Architektur eines Mikroprozessors
area	Area
arithmetic expression	Berechnungsausdruck
arithmetic function	arithmetische Funktion
arithmetic instruction	arithmetischer Befehl
arithmetic logical unit	arithmetisch-logische Einheit
arithmetic processor	arithmetischer Prozessor
ARQ	
array	Array
array processor	Arrayprozessor
arrays	Tabellen
array, string	Array, String
arrow keys	Pfeiltasten
ASA	
ASCII keyboard	ACSII-Tastatur
asynchronous	asynchron
asynchronous operation	asynchrone Arbeitsweise
attribute	Attribut
authorization data base	Berechtigungsdatenbank
auto indexing	Autoindexing

auto-repeat	Auto-Repeat
auto-restart	Selbstanlauf
average access time	mittlere Zugriffszeit

B

background processing	Hintergrundverarbeitung
background programming	Hintergrundprogrammierung
back space key	Backspace-Taste
backup copy	Sicherungskopie
backup system	Bereitschaftssystem
BAL (Business Application Language)	BAL
bank	Bank
bank select	Bankauswahl
bar code	Strichcode
bar diagram	Balkendiagramm
base address	Basisadresse
base register	Basisadreßregister
BASIC	
BASIC 80 (CP/M 2.2.)	
BASIC Compiler (CP/M)	
batch processing	Batch-Verarbeitung
batch processing	Stapelverarbeitung
battery backup	Netzausfallschutz durch Batterien
baud	Baud (Bd)
Baudot-Code	
baud rate generator	Baudraten-Generator
B-Bus	
BCD (Binary Coded Decimal)	binär codiertes Dezimalsystem
BCP	
BDOS (Basic Disk Operating System)	BDOS (Basis-Platten-Betriebssystem)
beginning of loop	Schleifenanfang
bell	Bell (Glocke)
benchmark	Bewertungsprogramm
bidirectional	bidirektional
bidirectional bus	bidirektionaler Bus
bidirectional printer	bidirektionaler Drucker
binary	binär
binary code	Binärcode
binary coded	BCD-Darstellung
binary counter	Binärzähler
binary number	Binärzahl

binary to decimal conversion	Binär-Dezimal-Konvertierung
binary digit (bit)	Bit, Binärzeichen
BIOS (Basic Input/Output System)	BIOS (Basic-Ein-/Ausgabe-System)
bistable	bistabil
BISYNC (Binary Sychronous Communication)	BISYNC (binäre synchrone Kommunikation)
bit density	Bitdichte, Speicherdichte
bit-parallel	bitparallel
bit rate	Bitrate
bit rate	Bitfrequenz (Bitgeschwindigkeit)
bit slice microprocessor	Bit-Slice-Mikroprozessor
bit slice processor	Bit-Slice-Prozessor
black failure	Totalausfall
black box concept	Black-Box-Konzept
blank	Leerzeichen
blanking	Dunkeltastung
blank label product	Blank-Label-Produkt
blank line	Leerzeile
blinking cursor	blinkender Cursor
blinking option	Blinkfunktion
blinking rectangle	blinkendes Rechteck
block	Block
block check character (BCC)	Blockprüfzeichen
block diagram	Blockdiagramm
block diagram	Blockschaltbild
block, diskette	Block, Disketten-
block graphic	Blockgrafik
block length	Blocklänge
board	Platine
board with components	Leiterplatte, bestückte
board without components	Leiterplatte, leere
bootstrap area	Urladerbereich
bootstrap program	Urlader, Bootstrap-Lader
bootstrap program	Bootstrap-Programm
BOP	
BOT (Begin Of Tape)	Bandanfangsmarke (BOT)
bounce	prellen
BPI	
bpi (bits per inch)	Bits pro Inch
bps (bits per second)	Bits pro Sekunde
branch address	Verzweigungsadresse
branching	Abzweigung
breakpoint	Haltepunkt
brightness	Helligkeit

BTAM
bubble memory   Magnetblasenspeicher
bubble memory operation   Magnetblasenspeicher, Arbeitsweise
buffer   Puffer
burn-in test   Einbrenntest
bus extender   Buserweiterung
business computer   Bürocomputer
bus system   Bussystem
byte   Byte

C

cache   Cache-Speicher
CAD
CAI
CalcStar (CP/M)
call   Aufruf
CALL
call service   Telefonservice
CAM
CAMAC
card   Steckkarte
card cage   Platinengehäuse
card reader   Kartenleser
carriage return   Wagenrücklauf
cartridge   Kassette
cartridge drive   Kassettenlaufwerk
CAS
CATV
CB-80 (CP/M 2.2.)
CBASIC (CP/M)
CCD
CCIT
C-Compiler (CP/M)
CeBIT
CCP (Console Command Processor)
cell   Zelle
central processing unit (CPU)   Zentraleinheit
CERDIP
character   Zeichen
character capacity   Zeichenkapazität
character, printing and non-printing   Zeichen, nichtdruckend und druckend

character reader	Klarschriftleser
character representation	Zeichendarstellung
character resolution	Zeichenauflösung
character set	Zeichensatz
chip	Chip
circuit simulation	Schaltungssimulation
circuit topology	Schaltungstopology
clean room	staubfreier Raum
clearing of screen	Löschen des Bildschirms
clock	Taktgenerator
CLK	
close a file	Schließen einer Datei
closed loop servo	Closed-Loop-Servo
CML	
CMR	
CMRR	
COBOL	
Codasyl	
Codec	
code reader	Markierungsleser
code reader, code scanner	Codeleser
color command	Farbanweisung
color diagram	Farbdiagramm
color hardcopy	Farbhardcopy
color number	Farbnummer
colors for graphic	Farben für die Grafik
color tv set	Farbfernsehgerät
column	Spalte
COMAL (COMmon ALGorithmic Language)	COMAL
command language	Kommandosprache
comment, remark	Kommentar
comparison operator	Vergleichsoperatoren
compatible	kompatibel
compiler	Kompilierer, Übersetzer
compiler-level languages	Compilersprachen
component, discrete	Bauelement, diskret
compound statement	Mehrfachanweisung
computer	Rechner, Computer, EDV-Anlage
computer aided design	rechnergestütztes Entwickeln und Konstruieren
computer aided design (CAD)	computerunterstützter Entwurf
computer aided manufacturing (CAM)	rechnergestützte Arbeitsplanung CAM

computer aided learning	computerunterstütztes Lernen
computer code	Computercode
computer controlled language translation	rechnergestützte Sprachübersetzung
computer family	Rechnerfamilie
computer layout	Computerlayout
computer operation	Verarbeitungsart
computer performance capabilities	Mikrocomputer-Leistungsfähigkeit
computer process	Rechenprozeß, Task
computer run	Computerlauf
computer science	Informatik
computer scientist	Informatiker
computer word	Computerwort
computerized numerical control (CNC)	numerische Steuerung mit Computer
concatenation	Verknüpfung (von Zeichenketten)
concatenation	Concatenation
conditonal jump	bedingter Sprung
connector	Steckverbinder
connector	Ausgangsbuchse
connector	Buchse
console	Konsole
continuity of instructions	Fortsetzung von Befehlen
contrast	Kontrast
control bus	Steuerbus
control character	Steuerzeichen
controller	Kontroller
control program	Systemsteuerprogramm
control register	Befehlsregister
control signal	Steuersignal
control software for application programs	Überwachungssoftware für Anwenderprogramme
control unit	Steuerwerk, Steuereinheit
conversational	dialogorientiert
convert	konvertieren, umwandeln
core memory	Kernspeicher
counter	Zähler
CP/M (Control Program for Microcomputer)	CP/M
CPU card	CPU-Karte
CPU architecture	CPU-Architektur
CR	
CRC	zyklische Blockprüfung
custom	kundenspezifisch
CROM	

cross assembler	Cross-Assembler
CRT (Cathode Ray Tube)	Kathodenstrahlröhre
CTRL	
cursor	Blinker, Cursor, Leuchtmarke
cursor movement	Bewegung des Cursors
cyclic redundancy check	zyklische Redundanzprüfung
cyclic shift	Stellenwertverschiebung

D

DAC	
daisy chain	Verkettung
daisy wheel printer	Typenraddrucker
data	Daten
data base	Datenbank
data base access, simultaneous	Datenbankzugriff, simultaner
data base administrator	Datenbankverwalter
data base handler	Data-Base-Handler (DBH)
data base schema	Datenbankschema
data base system	Datenbanksystem
data base transaction	Datenbanktransaktion
data base transfer optimizing	Datenbank, Transferoptimierung
data block	Datenblock
data buffer	Datenpuffer
data bus	Datenbus
data communication	Datenkommunikation
data communication station	Datenstation für Fernübertragung
data compression	Datenkompression
data definition	Datendefinition
data definition language	Datendefinitionssprache
data distribution	Datenverbund
data entry terminal, microprocessor	Dateneingabeterminal, Mikroprozessor
data field	Datenfeld
data file	Datei
data flow chart	Datenflußplan
data format	Datenformat
data group	Datengruppe
data input	Dateneingabe
data input bus (DIB)	Dateneingabebus
data item	Datenelement
data item	Datenitem
data line	Datenleitung
data link layer	Datenverbindungsebene

data manipulation language DML	Datenbearbeitungssprache
data medium	Datenträger
data movement, microprocessor	Datenverschiebung, Mikroprozessor
data output	Datenausgabe
data parameter	Datenparameter
data path	Datenweg
data processing	Datenverarbeitung
data protection	Datenschutz
data rate	Datenrate
data record	Datensatz
data recording	Datenaufzeichnung
data security	Datensicherung
data set	Datenset
data source	Datenquelle
DataStar (CP/M)	
data station	Datenstation
data string	Datenstring
data tablet	Datentableau
data throughput	Datendurchsatz
data transfer	Datenübertragung, Datentransfer
data type, structured	Datentyp, strukturierter
data word	Datenwort
Datebook	
DBMS	
dc	
DC	
DDL	
debounce	entprellen
debugging	Fehlerbeseitigung, Austesten
debug program	Fehlersuchprogramm
decentralized data processing	dezentralisierte Datenverarbeitung
decimal system	Dezimalsystem
declaration part	Deklarationsteil
decoding	Decodierung
dedicated	dediziert
default value	Ausgangswert (Standardwert)
default value	Standardwert
editing, DEL	Aufbereitung, DEL
delayed execution	verzögerte Ausführung
DEL	
demand paging	Demand-Paging
demodulation	Demodulation
demonstration program	Demonstrationsprogramm
DESC	

descender	Unterlänge von Zeichen
desk computer	Arbeitsplatzcomputer
Despool (CP/M)	
destructive reading	zerstörendes Lesen
development time	Entwicklungszeit
device	Gerät, Vorrichtung, Apparat
device number	Gerätenummer
device reset function	Geräte-Rücksetzfunktion (RESET)
DFR	
DFU	
diagnostics	Diagnose-Programm
DIP	
DIP (Dual-In-line Package)	Dual-In-Line-Gehäuse
DIP switch	Dip-Schalter
digital	digital
direct access	Direktzugriff, wahlfreier Zugriff
direct addressing	direkte Adressierung
directory	Dateiverzeichnis
disabled	gesperrt, unterdrückt
disjunction	Disjunktion
disk drive	Plattenlaufwerk
disk file	Plattendatei
disk operating system (DOS)	Plattenbetriebssystem
disk pack	Plattenstapel
disk storage	Plattenspeicher
displacement address	Distanzadresse
display	Anzeige
display capacity	Anzeigenkapazität
display console	Bildschirmkonsole, Sichtgerät
display design	Bildschirmgestaltung
display processor	Displayprozessor
display register	Anzeigenregister
display unit	Bildschirmgerät
distributed system	dezentrales System
DMA (Direct Memory Access)	direkter Speicherzugriff
DMOS	
DNC (Direct Numerical Control)	direkte numerische Steuerung
DO-loop	DO-Schleife
dope	dotieren
DOS	Plattenbetriebssystem
dot matrix	Punktmatrix
dot matrix printer	Punktmatrixdrucker
double density	doppelte Speicherdichte
double density recording	Aufzeichnung mit doppelter Dichte

double precision	doppelte Genauigkeit
double-sided diskette	beidseitig beschreibbare Diskette
down time	Ausfallzeit, Stillstandzeit
DP	
DPM	
drawing reader	Zeichnungsleser
drive	Laufwerk
driver	Treiber
dual input	dualer Eingang
dual intensity	doppelte ,,Intensität"
dual port memory	Dual-Port-Speicher
dual processor system	Doppelprozessorsystem
dummy	Pseudovariable
dummy	Füllsignal, Blindsignal, Leersignal
dump	Speicherauszug, Speicherausdruck
duplex	duplex
duplex operation	Duplexbetrieb
dynamic memory	dynamischer Speicher
dynamic memory allocation	dynamische Speicherverwaltung

E

EAE	
Easy Filer	
EasyWriter II (MS-DOS)	
echo	Echo
EBCDIC-Code	EBCDIC-Code
ECL	
editing (screen)	editieren (Bildschirm)
editing arrow key	Aufbereitungs-Pfeiltasten
editing/program editing	Aufbereitung/Programmänderung
editing mode	Aufbereitungsmodus
editor	Editor
EDP	
EEPROM (Electrically Erasable Programmable Read-Only Memory)	elektrisch löschbares PROM
EEROM (Electrically Erasable ROM)	elektrisch löschbares ROM
effective address	effektive Adresse
EFL	
equal sign	Gleichheitszeichen als (Wert-)Zuweisungszeichen
electrically alterable ROM (EAROM)	elektrisch veränderbarer Festwertspeicher

Electrically Erasable, Programmable Read-Only Memory (EEPROM)	elektrisch löschbarer, programmierbarer Festwertspeicher
electron beam	Elektronenstrahl
electronic beam method	Elektronenstrahltechnik
electronic mail	elektronische Post
electrostatic printer	elektrostatischer Drucker
emulation	Emulation
emulator	Emulator
enable	freigeben
end instruction	END-Anweisung
end of loop	Schleifenende
entry point	Einsprungstelle
environmental conditions	Umgebungsbedingungen
EOB (End of Block)	Blockende
EOC	
EOF (End of File)	Ende der Datei
EOT (End of Tape)	Bandendemarke
EPROM eraser	EPROM-Löschgerät
equal sign as operator	Gleichheitszeichen als Operator
error	Fehler
error facilities	Fehlerhilfen
error flag	Fehler-Flag
error message	Fehlermeldung
error treatment	Fehlerbehandlung
ETB	
ETX	
EUROMICRO	
evaluation of expressions	Auswertung von Ausdrücken
exclamation mark	Ausrufezeichen
exclusive OR gate	Exklusiv-ODER-Gatter
execution, immediate	Ausführung, sofortige
execution, postponed	Ausführung, aufgeschobene
execution sequence in expressions	Ausführungsreihenfolge in Ausdrücken
execution time	Ausführungszeit
executive cycle	Ausführungszyklus
EXIT	
exit from a program loop	Austritt aus einer Programmschleife
expansion card	Erweiterungsplatine
expansion ROM	Erweiterungs-ROM
expression, arithmetic	Ausdruck, arithmetischer
extension register	Zusatzregister
external storage	externer Speicher

F

fan-fold paper	Endlospapier (Endlosformular)
FCB	
FCC	
feed	Vorschub
fetch cycle	Holzyklus
FET	
F2F (Frequency-Double-Frequency)	F2F
FFT	
field	Feld
FIFO memory	FIFO-Speicher
file management	Dateiverwaltung
file protection	Dateischutz
fill charakter, blank	Füllzeichen
firmware	Firmware
fixed point arithmetic	Festkommaarithmetik
flag	Flag
flag	Kennzeichen, Flag, Identifizierungssignal
flag bit	Kennzeichenbit
flexibility	Flexibilität
flickering	Flimmern
flip-flop	Flipflop
floating-point arithmetic	Gleitpunktarithmetik, Gleitkommaarithmetik
floating-point representation	Gleitpunktdarstellung, Gleitkommadarstellung
floating point routine	Gleitkommaroutine
floppy controller	Floppy-Controller
floppy disk	Floppy-Disk
floppy disk block	Diskettenblock
floppy disk file	Diskettendatei
floppy disk name	Diskettenname
floppy disk operating system	Diskettenbetriebssystem
floppy disk standard size	Diskettenstandardgröße
floppy disk system	Diskettensystem
floppy disk treatment	Diskettenbehandlung
flow chart	Ablaufdiagramm, Flußdiagramm
font	Font
formatter	Formatierer
formatting	formatieren
form feed	Formular-Vorschub
for/next loop	FOR/NEXT (Schleife)

for statement	For-Anweisung
FORTH	
forward, fast	Vorlauf, schneller
FPP	
frame buffer	Bildspeicher
front-end processor	Vorrechner
FS	
FSK (Frequency Shift Keying)	Frequenzumtastung
fully formed character printer	Ganzzeichen-Drucker

G

game connector	Spielanschluß
gate	Gatter
general library	allgemeine Bibliothek
general register	Mehrzweckregister
generator program	Generatorprogramm
Gibson mix	Gibson-Mix
glas fiber technology	Glasfasertechnik
global symbol	globales Symbol (GLOBAL)
global variable	globale Variable
GOTO	
graphic buffer	Bildpuffer
graphic drawing	Grafikdiagramm
graphic editor	Grafikeditor
graphic file	Grafikdatei
graphic peripheral devices	Grafikperipherie
graphic printer	grafikfähiger Drucker
graphic processor	Grafikprozessor
graphic with high resolution	Grafik mit hoher Bildauflösung
graphic storage area	Bildschirmspeicherbereich
greater or egual	Größer-oder-gleich-Zeichen
greater than	Größer-als-Zeichen
GRIB	
grid display method	Raster-Display-Technik
growth compatibility	Aufstiegskompatibilität
guest host display	Guest-Host-Display

H

Hamming-Code	Hamming Code
hand-held computer	Handheldcomputer
handler	E/A-Steuerungsprogramm

handshaking	Quittungsbetrieb
hard copy	Hardcopy
hard copy connection	Hardcopy-Anschluß
hard disk	Festplatte
hard-sectored	hardsektoriert
hardware	Hardware
hardware bootstrap	Hardwarebootstrap
hardware environment	Hardwareumgebung
hardware priority interrupt	hardwaremäßig nach Prioritäten gesteuerte Unterbrechung
hardwire method	Hardwiretechnik
HDLC	
head crash	Headcrash
head distance	Kopfabstand
hertz	Hertz
hexadecimal	hexadezimal, sedezimal
hexadecimal digit	Sedezimalziffer
hexadecimal system	Sedezimalsystem
hierarchic data system	hierarchisches Dateisystem
hierarchical network	hierarchisches Netzwerk
high level language	höhere Programmiersprache
high resolution graphic	hochauflösende Grafik
high speed printer	Schnelldrucker
HMOS	
hobby computer	Hobbycomputer
home computer	Homecomputer
host computer	Hostrechner
host language system (data base)	Host-Language-System (Datenbank)
HPIB	
HSYNC	
HTL technology	HTL-Technik
human engineering	Ergonomie

I

IC	
ICC	
IDACS	
identification card reader	Ausweisleser
IEC	
IEC-bus	IEC-Bus
IF/THEN-instruction	IF/THEN-Instruktion
I2L	

immediate execution	Ausführung, sofortige
impact printer	Impact-Drucker
implementation	Implementierung
19-Inch-Standard	19-Zoll-Norm
increment	erhöhen
index	Index
indexed addressing	indizierte Adressierung
index file	indizierte Datei
index hole	Indexlochung
index register	Indexregister
indirect addressing	indirekte Adressierung
individual software	Individualsoftware
information throughput	Informationsdurchsatz
infrared light pen	Infrarot-Lesestift
inhibit	inhibit
initiate	anlaufen
initialize	initialisieren
initialize a floppy disk	Initialisierung einer Diskette
ink jet printer	Tintenstrahldrucker
input	Eingabe
input, buffered	Eingabe, gepufferte
input connector	Eingabebuchse
input device	Eingabegerät
input file	Eingabedatei
input/output	Ein-/Ausgabe
input pointer	Eingabezeiger
input program	Eingabeprogramm
instruction	Instruktion
instruction address	Befehlsadresse
instruction constant	Befehlskonstante
instruction flow chart	Befehlsdiagramm
instruction format	Befehlsaufbau
instruction length	Befehlslänge
instruction register	Befehlsregister
instruction set	Befehlsvorrat
instruction set, microprocessor	Mikroprozessor-Befehlssatz
instruction time	Befehlszeit
instruction word	Befehlswort
integer	Integer
integer	Ganzzahl
integer variable	Ganzzahl-Variable
integrated circuit	integrierte Schaltung
Integrated Injection Logic	
integrating microprocessors	Integration von Mikroprozessoren

intelligent terminal system	intelligentes Terminalsystem
interactive	interaktiv
interactive language	Dialogsprache
interactive office	interaktives Büro
interactive operation	Dialogbetrieb
interactive program	interaktives Programm
interactive terminal	Dialogeinheit
interface	Schnittstelle
interface, standard	Standard-Schnittstelle
intermediate storage	Zwischenspeicher
interpreter	Interpretierer
interrupt	Unterbrechung, Interrupt
interrupt driven	interrupt-gesteuert
interrupt handler	Unterbrechungsbehandlungsprogramm
interrupt request	Unterbrechungsanforderung
INUSE light	INUSE Lampe
inverse output on screen	invertierte Darstellung am Bildschirm
I/O-bound	E/A-intensiv
I/O-port	E/A-Anschluß
I/O-processor	E/A-Prozessor
ISO	
iteration	Iteration
iterative	iterativ

J

J	
JCL	
job	Auftrag, Job
job accounting	Jobabrechnung
job processing	Jobbearbeitung
job step	Jobschritt, Auftragsschritt
job stream	Jobstream
joystick	Steuerknüppel
jumbo	Jumbo
jump instruction	Sprungbefehl
justification	Blocksatz

K

Kansas City Standard	
key	Taste

key backfeed	Tastenrückmeldung
keyboard	Tastatur
keyboard design	Tastaturgestaltung
keyboard DIN standard	Tastatur-DIN-Norm
keyboard height	Tastaturbauhöhe
keyboard positioning (display)	Tastaturpositionierung (Bildschirm)
keyboard, sculptured	Tastatur, konkave
keyboard standard, keyboard type	Tastennorm, Tastaturtyp
key field	Schlüsselfeld
key sequence	Tastenfolge
kilobaud	Kilobaud
KIPS	
kit	Bausatz
KSAM	

L

label	Marke, Kennzeichnung
label (name for instructions)	Marke (Name für Befehle)
lag	Verzögerung
lambda-layer	Lambda-Viertelbeschichtung
language converter	Programmsprachen-Übersetzer
language editor	Sprachen-Editor
language interpreter	Spracheninterpretierer
large network	überregionales Netzwerk
laser printer	Laserdrucker
laser scanner	Laser-Lesegerät
Last In – First Out (LIFO)	LIFO, Kellerspeicher
latch	Auffang-Flip-Flop, Signalspeicher
layout	Layout, Entwurf
layout data	Entwurfsdaten
LCD	
leading zero	führende Null
leasing	Leasing
least significant bit (LSB)	Bit mit dem niedrigsten Stellenwert
least significant digit	Ziffer mit niedrigstem Stellenwert
LED	
left arrow	Linkspfeil
legend	Legende
letter quality	Briefqualität
letter quality printer	Korrespondenzdrucker
level of language	Sprachebene
LF	
library	Bibliothek

LIFO (Last in-First Out)	Kellerspeicher, Stack, Stapelspeicher
light emitting diode (LED)	Leuchtdiode
light pen	Lichtstift, Lichtgriffel
line	Zeile
linear programming	lineare Programmierung
line drawing	Liniendiagramm
line feed	Zeilenvorschub
line in a program	Zeile in einem Programm
line number	Zeilennummer
line numbering, automatic	Zeilennumerierung, automatische
line numbering, manually	Zeilennumerierung, manuelle
line printer	Zeilendrucker, Paralleldrucker
linker	Binder
linking loader	Bindelader
Liquid Crystal Display (LCD) characteristics	Flüssigkeitsanzeige, Merkmale
LISP List Processing	
listing	Liste, Auflistung
literal	Literal
load	laden
loader	Lader
local network	lokales Netzwerk
location	Speicherzelle
log	aufzeichnen
log data	Journaldaten
logic operation	logische Verknüpfung
loop, endless	Schleife, endlose
loop, program	Schleife, Programm-
low level language	„niedrige" Programmiersprache
low priced micro	Billig-Mikro
lpm	
lps	
LSB	
LSD (Least Significant Digit)	niedrigstwertige Stelle
LSI (Large Scale Integration)	Großintegration
LSTTL	

M

machine address	Maschinenadresse
machine code instruction	Maschinenbefehl
machine cycle	Maschinenzyclus
machine language	Maschinensprache

machine language programming	Programmierung in Maschinensprache
machine oriented language	maschinenorientierte Sprache
machine program	Maschinenprogramm
machine programming, cross-assembler	Maschinenprogrammierung mit Crossassembler
machine readable	maschinenlesbar
machine word, length	Maschinenwortlänge
macro assembler	Makroassembler
macro coding	Makrocodierung
macro instruction	Makrobefehl
macro instruction storage	Makrobefehlsspeicher
magnetic core memory	Magnetringkernspeicher
magnetic tape start time	Bandstartzeit
Mailmerge	
main board	Hauptplatine
mainframe	Großrechner, Universalrechner
mainframer	Mainframer
main memory	Hauptspeicher
main processor	Hauptprozessor
maintainability	Pflegbarkeit
maintenance of programs	Pflege von Programmen
manual	Handbuch
manual layout	Handlayout
manual update service	Handbuch-Änderungsdienst
mask, IC	Maske, IC
mask programmable read only memory	maskenprogrammierbarer Festwertspeicher
mass storage device	Massenspeicher
Master Planer	
MatheMagic (CPM)	
matrix character	Matrixzeichen
matrix printer	Matrixdrucker
matrix printer	Mosaikdrucker
MCBF (Mean Cycles Between Failure)	
MDBS	
medical computer	Praxis-Computer
Medium Scale Integration (MSI)	mittlere Integration
medium time between failures (MTBF)	mittlere Zeit zwischen Ausfällen
memory allocation	Speicherzuordnung
memory management unit	Speicherverwaltungseinheit
memory map	Adreßumsetzung

memory protection	Speicherschutz
menue	Menü
merge	mischen
microcomputer	Mikrocomputer
microcomputer application	Mikrocomputer-Anwendungen
microcomputer sales	Mikrocomputer-Bezugsmöglichkeiten
microcomputer software	Mikrocomputer-Software
microinstruction	Mikrobefehl
microprocessor development system	Mikroprozessor-Entwicklungssystem
microprocessor monitor	Mikroprozessor-Monitor
microprocessor slices	Mikroprozessorelemente
microprocessor software support	Softwareunterstützung für Mikroprozessoren
microprogram	Mikroprogramm
Microstat	MICROSTAT
MIL	
MILESTONE (CP/M, UCSD Pascal, Apple Pascal)	
mini-assembler	Mini-Assembler
minicomputer	Minicomputer
Mini-Winchester	
mixed display	gemischte Anzeige
mixed hardware operation	Mixed-Hardware-Einsatz
MMU	
mnemonic	Mnemonik, mnemonisch
mnemonic address	mnemotechnische Adresse
mnemonic code	mnemotechnischer Code
mnemonic machine instruction	mnemotechnischer Assemblerbefehl, Maschinenbefehl
MNOS	
mode	Betriebsart
MODEM (MOdulator/DEModulator)	MODEM (MOdulator/DEModulator)
modular	modular
module	Modul, Baustein, Funktionseinheit
monitor	Monitor
monitor program	Monitorprogramm
Monitor-ROM	
monitor system	Monitorsystem
most significant bit (MSB)	höchstwertiges Bit
most significant digit (MSD)	Ziffer mit höchstem Stellenwert
mother board	Hauptplatine
MOVE	
MOVE IT	

move instruction for graphic output	Verschiebungsbefehl für Grafikausgabe
MP/M (multiprogramming control program for microprocessors)	
MP/M-86 (Intel 8086/8088)	
MP/M II Z 80 oder Intel 8080	
MPU	
MSB	
MSI	
M/Sort (CP/M)	
MTBF	
MTTR	
multiplex	multiplex
multiplex mode	Multiplexbetrieb
multiprogramming	Mehrprogrammbetrieb
multipurpose computer	Allzweckrechner
multi tasking	Multitasking
muMATH	
muSIMP	

N

name of diskette drive	Name eines Diskettenlaufwerks
names of instructions	Namen von Instruktionen (Befehlsnamen)
name of variables	Name von Variablen
NBS	
NC (Numerical Control)	numerische Steuerung
nested loop	geschachtelte Schleife
nested program	verschachteltes Programm
nesting	Verschachtelung
nesting of subroutines	Verschachteln von Subroutinen (Unterprogrammen)
network	Netzwerk, Netz
network components	Netzkomponenten
network layer	Netzwerkebene
network node	Netzwerkknoten
nibble	Halbbyte
(N-Key-Roll-Over)	NKRO
NMOS	
non impact printer	Non-Impact-Drucker
non-printing control character	nichtdruckende Steuerzeichen
NTSC chip	NTSC-Chip

number crunching	rechenintensiv
number pad	Zehnerblock
numeric array variable	numerische Array-Variable
numeric keypad	numerisches Tastenfeld
numeric variable	numerische Variable

O

Oasis	
object-code	Objektcode, Maschinencode
object language	Objektsprache, Maschinensprache
object program	Objektprogramm
OCR (Optical Character Recognition)	optische Zeichenerkennung
OCR characters	OCR-Schrift
OCR form	OCR-Formular
OCR-reader	OCR-Leser
octal	oktal
octal digit	Oktalziffer
OEM (Original Equipment Manufacturer)	Hersteller eines Originalsystems
off-line operation	Off-Line-Betrieb
off-line processing	Off-Line-Verarbeitung
one-address instruction	Einadreßbefehl
one-chip device	Einchip-Element
ONIX	
on-line	On-Line
on-line system	On-Line-System
op-code	OP-Code
operand	Operand
operating code (op code)	Befehlscode
operating manual	Bedienungshandbuch
operating system	Betriebssystem
operating temperature	Betriebstemperatur
operational data collection	Betriebsdatenerfassung
operation code	Operationsteil
operation scheduler	Arbeitsvorbereiter
operator	Operator
operator, logic	Operator, logischer
optical mark reader	optischer Markierungsleser
option	Zusatzeinrichtung
optoelectronic chips	optoelektronische Chips
OR	ODER, Disjunktion

Org./DP	Org./DV
organization programmer	Organisationsprogrammierer
organization simulation	Unternehmenssimulation
output	Ausgabe, Ausgang
output data	Ausgabedaten, Ausgangsdaten
output device	Ausgabegerät
output format	Ausgabeformat
output instruction	Ausgabebefehl
output pointer	Ausgabezeiger auf dem Bildschirm
output queue (file)	Ausgabewarteschlange (Datei)
output register	Ausgaberegister
output stop	Ausgabestopp
output time	Ausgabezeit
output to an open file	Ausgabe an eine offene Datei
overflow, arithmetic	arithmetischer Überlauf
overlay	Overlay
overlay method	Overlay-Technik
overwrite	Überschreiben

P

package	Paket
package density	Packungsdichte
packaging density of data	Packungsdichte von Daten
page	Seite
page addressing	Seitenadressierung
paging	Paging, Ein-/Auslagern von Seiten
paging/rate	Paging-Rate
PAL chip	PAL-Chip
paper feed	Papiervorschub
parallel printer	Paralleldrucker
parallel transmission	Parallelübertragung
parity bit	Paritätsbit
parity check	Paritätskontrolle
partitioning	Aufteilung
PASCAL	
Pascal capabilities	Pascal-Sprachelemente
Pasro	
password	Kennwort
peak data transfer rate	maximale Datenübertragungsgeschwindigkeit
PEARL (Processor and Experiment Automation Realtime Language)	

PEEK
performance characteristics	Leistungsmerkmal
performance test	Performance-Messung
peripheral connection	Peripherieanschluß
peripheral device	Peripheriegerät
peripheral interface adapter (PIA)	peripherer Schnittstellenadapter
peripheral mix	Peripherie-Mix
permanent memory	permanenter Speicher
Personal Computer	Personal-Computer
personal data system	Personaldatensystem
physical file	physische Datei
physical large	physikalische Ebene
pie diagram	Kreisdiagramm
piggyback board	Huckepack-Karten
PILOT-Sprache	
pin contact	Stiftkontakt
pixel	Bildelement
PL/1 (Programming Language One)	PL/1
PlannerCalc	
plastic package, DIP	Dual-In-Line-Kunststoffgehäuse
PL/I-80 (CP/M)	
PL/M (Programming Language Microprocessor)	PL/M
PL/M Plus	PL/M Plus
plotter	Zeichengerät
plotter	Plotter
plug	Stecker
plug-compatible	steckerkompatibel
plug-compatible manufacturer	PCM-Anbieter
plug-in	Einschub
plug-in board	Steckkarte
PMOS	
pointer	Zeiger
point of sales terminal	Kassenterminal
POKE	
polling, call	Abfrage
polling, serial	Polling, serielles
port	Anschluß, Kanal
portability	Portabilität
pos terminal	POS-Terminal
postponed execution	Ausführung, aufgeschoben
power dump	Leistungsausfall
power fail protection	unterbrechungsfreie Stromversorgung (USV)

power failure	Netzausfall
power-on indicator	Netzlampe
power-on reset	Power-on-Reset
power supply	Stromversorgung
power switch	Netzschalter
power-up diagnostics	Einschaltdiagnose
power-up test	Power-Up-Test
Premium System (Apple II)	
preproccessor	Preprozessor
presentation layer	Präsentationsebene
primary data	Primärdaten
PRINT	
printer	Drucker
printer control	Druckersteuereinheit
print head adjustment	Druckkopfeinstellung
print tape	Druckband
priority	Priorität
problem-oriented language	problemorientierte Programmiersprache
process control	Prozeßsteuerung
process control computer	Prozeßrechner
process control language	Prozeßsprache
processor	Prozessor
program counter	Programmzähler
program definition	Programm-Definition
program fault	Programmierfehler
Program flow chart	Programmablaufplan
program head	Programmkopf
program interrupt	Programmunterbrechung
program jump	Programmverzweigung
program library	Programmbibliothek
program loop	Programmschleife
programmable communication interface (PCI)	programmierbarer Übertragungsschnittstellen-Baustein
programmable logic array (PLA)	programmierbare logische Anordnung
programmable peripheral interface (PPI)	programmierbarer peripherer Ein-/Ausgabebaustein
programmer	Programmiergerät
programming	Programmierung
program quality	Programmqualität
program restart	Neustart eines Programms
program run	Programmlauf
program segments, linking	Programmsegmente, Verbindung

program status word	Programmzustandswort
program step	Programmschritt
program storage	Programmspeicher
program storage, microcomputer	Programmspeicherung bei Mikrocomputern
program switch	Programmschalter
PROM (Programmable Read Only Memory)	programmierbarer Festwertspeicher
prompt	Prompt
prompt character	Anforderungszeichen
proportional spacing	Proportionalschrift
protected field	geschütztes Feld
protocol layer	Protokollebene
PSW (Program Status Word)	Programmstatuswort
punch operator	Datentypist
push button	Drucktaste

Q

quality control	Qualitätskontrolle
quartz	Quarz (SiO_2)
quartz oscillator	Quarzoszillator
query	Query
query language	Querysprache
query language	Abfragesprache
query language, command	Abfragesprache, Kommando
queue	Warteschlange
Quickscreen (CP/M)	
Quic-N-Easi (CP/M)	
quotation mark	Anführungszeichen

R

rack	Gestellrahmen, Einschubschrank
radix	Basis
RAM (Random Access Memory)	RAM, Speicher mit wahlfreiem Zugriff, Schreib-/Lesespeicher
RAMCARD (Apple II)	
RAM refresh operation	RAM-Auffrischoperation
random access	wahlfreier Zugriff
random access memory (RAM)	Schreib-/Lesespeicher (RAM)
random failure	Zufallsfehler
random generator	Zufallszahlenfunktion

rated output	Nennleistung
rated voltage	Nennspannung
read	lesen
reader	Lesemaschine, Lesegerät
read in	einlesen
reading of data	Einlesen von Daten
Read Only Memory (ROM)	Festwertspeicher (ROM)
readout	Ausgabe, auslesen
ready character	Bereitschaftszeichen
ready status word	Bereit-Zustandswort
real time	Echtzeit
real-time operation	Realzeit-Verarbeitung
real-time system	Echtzeitsystem
receiver	Empfänger
record format, general	Satzformat, gemeinsames
recording density	Schreibdichte, Bitdichte
recovery system	Recovery-System
recursive	rekursiv
recursive statement	recursive Statement
redundancy	Redundanz
redundancy check	Redundanzprüfung
reentrant program	reentrant Programm
reflection	Reflexion
reflection, diffuse	Reflexion, diffuse
refresh	auffrischen
register	Register
register, accumulator	Akkumulatorregister
register, control	Steuerregister
relational data base system	relationales Datenbanksystem
relative address	relative Adresse
relative addressing	relative Adressierung
relative file	relative Datei
release	Version
reliability	Zuverlässigkeit
relocatable	verschiebbar
relocate	
REM	
REM-Routinen 1 (CBM)	
remark	Anmerkung
remark instruction	Remark-Anweisung
remote batch processing (remote job entry, RJE)	Stapelverarbeitung, entfernte
remote control	Fernsteuerung, Fernbedienung
remote job entry	RJE (Stapelverarbeitung)

repeat statement	Repeat-Anweisung
(REPT key)	REPT-Taste
repetition statement	Wiederholungsanweisung
reprogrammable ROM	reprogrammierbares ROM
reserved word	reserviertes Wort
RESET	
reset	reset, zurücksetzen
RESET key	RESET-Taste
resident	resident
resident compiler	residenter Kompilierer
resident macroassembler	residenter Makroassembler
resident program	residentes Programm
resource sharing	Resource-Sharing
response	Antwort
response time	Antwortzeit
response time characteristic	Antwortzeitverhalten
restore (data base)	Wiederherstellung (Datenbank)
return address in stack	Rückkehradresse im Stack
rewind	Umspulen
right arrow	Rechtspfeil
roller ball	Rollkugel
rollover	abrollen
rollover	roll-over
ROM, chip enable (CE)	ROM, Chipfreigabe
ROM microprogramming	ROM-Mikroprogrammierung
ROM organization	Organisation eines Festwertspeichers
ROM resident	ROM-resident
routine	Routine, Funktion, Programm
RPG (Report Program Generator)	RPG
RPNL (Reverse Polish Notation Language)	RPNL
RS232-Interface	RS232-Schnittstelle
RUN	

S

sales representative	Vertriebsbeauftragter (VB)
sampling	abtasten
satellite computer	Satellitenrechner
SBC	
S-100-Bus	
scanner	Lesestift
scientific notation	wissenschaftliche Schreibweise

scope	Gültigkeitsbereich
scratchpad memory	Notizblockspeicher
screen clear	Bildschirm löschen
screen content	Bildschirminhalt
screen generator	Bildschirmformular-Generator
screen graphic	Bildschirmgrafik
screen mode	Bildschirmbetriebsarten
screen mode switch	Bildmodusschalter
screen program for drawing	Bildschirmprogramm zum Zeichnen
screen size	Bildschirmgröße
screen window	Bildfenster
scroll	rollen
SDLC (Synchronous Data Link Control)	SDLC (Synchrone Datenübertragungssteuerung)
secondary data	Sekundärdaten
secondary storage	Zusatzspeicher
sector	Sektor
security software	Sicherungssoftware
sense	abtasten, abfragen
sequencer	Ablaufsteuerung
sequential	sequentiell
sequential access	sequentieller Zugriff
sequential-access storage	Speicher mit sequentiellem Zugriff
sequential file	sequentielle Datei
sequential operation	sequentielle Arbeitsweise
serial	seriell
serial file	serielle Datei
serial printer	Seriendrucker
serial storage	Speicher mit seriellem (sequentiellem) Speicherzugriff
Service Center	Service-Rechenzentrum
session layer	Sitzungsebene
set	setzen, einstellen, Menge, Satz
shift	verschieben
shift	Umschalten (Tasten)
shift key	Umschalt-Taste
shift lock	Shift Lock
shift register	Schieberegister
show cable	Bildschirmtext
signal output	Signalausgabe
signature reader	Unterschriftenleser
signed binary	Binärzahl mit Vorzeichen
significant digit	signifikante Ziffer
silicon	Silizium

Silicon Valley	
simple numeric variable	einfache numerische Variable
simulator	Simulator, Simulationsprogramm
simultaneous	simultan
single board computer	Single-Board-Computer
single board computer (SBC)	Einplatinencomputer
single precision	einfache Genauigkeit
single-sided diskette	einseitig beschreibbare Diskette
single user system	Einplatzsystem
skew	Schräglauf
skew, dynamic	Schräglauf, dynamischer
skew, static	Schräglauf, statischer
slave system	Untersystem
slice	Slice
slot	Slot (Steckfassung)
Small Scale Integration	SCI
SM-KIT/B (CBM)	
SM-KIT/F (CBM)	
SM-KIT/M (CBM)	
SM-KIT/SET (CBM)	
SNA	
SOB	
socket	Sockel
Soft Card (Apple II)	
soft disk	Softdisk
softfail	
soft-key	Softkey
soft-key	frei belegbare Funktionstaste
soft-sectored	softsektoriert
soft sense	Softsense
software	Software
software compatible	softwarekompatibel
software design	Softwareentwurf
software development system	Software-Entwicklungssystem
software engineering	Software-Entwicklung
software environment	Softwareumgebung
software requirement	Software-Anforderungen
solid state switch	Solid-State-Schalter
sort	sortieren
sound generation	Tongenerierung
source	Quellsprachen-Übersetzung
source language	Quellsprache
source program	Quellprogramm
source program	Primärprogramm

special character	Sonderzeichen
special type reader	Sonderschriftenleser
speed-wire method	Speedwiretechnik
split screen	geteilter Bildschirm
spooling	Spooling
SPS	
stack	Stapelspeicher, Stackspeicher, Kellerspeicher
stack	Stackspeicher
stack pointer	Stapelzeiger, Kellerzeiger
stack when returning from a subroutine	Stack bei Rückkehr aus einer Subroutine
stand-alone unit	Stand-alone-Gerät
standard floppy	Standarddiskette, Standardfloppy
standard software	Standardsoftware
standby	Betriebsbereitschaft
standby computer	„Standby"-Rechner
statement	Anweisung
static discharge	statische Entladung
static RAM	statisches RAM
STATPAK	
status bit	Zustandsbit
step counter	Schrittzähler
stop bit	Stopp-Bit
storage	Speicher
storage address	Speicheradresse
storage capacity	Speicherkapazität
storage cycle time	Speicher-Zykluszeit
storage element	Speicherelement
storage, floppy disk	Floppy-Disk-Speicher
storage, random access	Speicher mit wahlfreiem Zugriff
storage size	Speichergröße
storing data in arrays	Speichern von Daten in Arrays
string	Zeichenfolge
string variable	String-Variable
structured programming	strukturierte Programmierung
structured statement	strukturierte Anweisung
subfile	Teildatei
subprogram	Unterprogramm
substring-variable	Substring-Variable
Supercalc (CP/M)	
super-mini	Supermini
SuperSort (CP/M)	
SUPERVYZ (CP/M)	

SW

symbolic address	symbolische Adresse
symbolic assembler	symbolischer Assembler
symbolic code	symbolischer Code
symbolic language	symbolische Sprache
synchronous	synchron
SYNTAX ERR(OR)	
system	System
system analyst	Systemanalytiker
system crash	„Absturz" eines Systems
system dictionary	Systemlexikon
system engineering	Systementwicklung
system error message	Systemfehler-Meldungen
system firmware	Systemfirmware
system language	Systemsprache
system programmer	Systemprogrammierer
Systems	
systems interconnection, closed	Netzwerksystem, geschlossenes
systems interconnection, open	Netzwerksystem, offenes
system software	Systemsoftware
system upgrade	Systemerweiterung
system variable	Systemvariable

T

tab	Tab
take away memory	Take-Away-Speicher
talker	Sprecher
tape	Band
tape cartridge	Bandkassette
tape drive	Magnetbandlaufwerk
tape, magnetic	Magnetband
tape reader	Lochstreifenleser
tape speed	Bandgeschwindigkeit
tape version of a software system	Bandversion eines Softwaresystems
target language	Zielsprache
TASC (Apple II)	
teleprinter, teletype	Fernschreiber
teleprocessing	Datenverarbeitung, entfernte
teleprocessing monitor	TP-Monitor
television set	Fernsehgerät
terminal graphic plotter	grafisches Zeichengerät
terminal, interactive	interaktives Terminal, Dialogterminal

terminal interface	Terminal-Interface
terminal, touch	Terminal, berührungsempfindliches
testability	Testbarkeit
test program	Testprogramm, Prüfprogramm
text editor	Text-Editor
thermal printer	Thermodrucker
thin film method	Dünnfilm-Technik
time sharing	Teilnehmerverfahren, Timesharing
time sharing BASIC	Teilnehmer-BASIC
time slice	Zeitscheibe
Tiny Basic	
tissue filter	Gewebefilter
touch sensitive switch	Kontaktschalter
tpi	
TRACE	
track	Spur
tracks per inch	Spuren pro Zoll
transfer layer	Transportebene
transfer rate	Übertragungsgeschwindigkeit
trap	Trap
trouble shoot	Fehlerlokalisierung
true	wahr
truncate	abbrechen
TTL	
TTY	
tuning	Tuning
turn-key system	schlüsselfertiges System
TV	
two-address instruction	Zweiadreß-Befehl
typewriter	Schreibmaschine
typewriter character reader	Schreibmaschinenschrift-Leser

U

UCSD-Pascal	
Unibus	
UNIX	
unload	entladen
update	aktualisieren (auf den neuesten Stand bringen)
up time	Betriebszeit
upward compatible	aufwärtskompatibel
USART (Universal Synchronous/	Universeller synchroner/asynchroner

Asynchronous Receiver/Transmitter)	Empfänger/Sender
user	Benutzer
user organization	Benutzerorganisation
user program	Anwenderprogramm
user variable	Benutzervariable
USRT (Universal Synchronous Receiver/Transmitter)	universeller synchroner Empfänger/Sender
utility program	Dienstprogramm
UV light	UV light

V

value of variables	Wert von Variablen
variable	Variable
VDRZ	
vector	Vektor
vector algebra	Vektoralgebra
vectored interrupt	gerichteter Interrupt
velocity	Geschwindigkeit
VersaForm (Apple II)	
vertical tab	vertikaler TAB
video display unit	Videosichtgerät
video generator	Video-Generator
virtual address	virtuelle Adresse
virtual memory	virtueller Speicher
VISICALC	
VisiPlot	
VisiSchedule	
visual display unit	Bildschirmeinheit
VLSI (Very Large Scale Integration)	Größtintegration
VMOS (Vertical MOS)	
Vocoder	Vocoder
voice-grade line	Leitung für Sprachübertragung, Fernsprechleitung
volatile storage	flüchtiger Speicher
volt	Volt, V
voltage breakdown	Spannungsausfall
V.24 interface	V.24-Schnittstelle

W

wafer	„Scheibe"
waiting program	wartendes Programm

wait routine	Warteroutine
warm start	Warmstart
warm up	Aufwärmzeit
watt	Watt, W
while statement	While-Anweisung
window	Fenster
window on screen	Fenster auf dem Bildschirm
window, rolling	Fenster, rollen
window, text	Fenster, Text-
wired-only keyboard	Wired-Only-Tastatur
wire printer	Nadeldrucker
wire-wrap	Wirewrap
word length	Wortlänge
WordMaster	
word processing	Textverarbeitung
word processor	Textprozessor
WordStar	
words per minute (WPM)	Worte pro Minute, WPM
words per minute	WPM
WRITE	
write	schreiben
write protect	Schreibschutz
writing head	Schreibkopf
WS	

X

xerographic printer	xerografischer Drucker
XMT	
xy plotter	X-Y-Plotter
xy recorder	X-Y-Schreiber

Z

z-code	Z-Code
zero access	Nullzugriff
zero compression	Nullunterdrückung beim Speichern von Daten
zero error	Nullpunktfehler, Nullpunktabweichung
zero flag	Nullkennzeichnung
zero setting of variable	Nullsetzen der Variablen
zero suppression	Nullunterdrückung
zoom option	Zoom-Funktion
ZSID (CP/M)	

Burroughs Deutschland GmbH
Frankfurter Allee 14−24
6236 Eschborn/Taunus 1
Systembezeichnung: **B 25**
Speichergröße:
  Arbeitsspeicher: 256 KB bis 1024 KB
  Massenspeicher: 1,2 MB bis 130 MB
Betriebssysteme: BTOS, MS-DOS, CP/M-86
Programmiersprachen:
  Assembler, BASIC, COBOL, FORTRAN, PASCAL
Einsatzbereiche:
  hochleistungsfähiger und modularer Arbeitsplatzcomputer für Anwender mit wachsenden Anforderungen. Mehrplatzfähig ohne Hard- oder Softwareänderung

Commodore Büromaschinen GmbH
Lyoner Straße 38
6000 Frankfurt/Main 71
Systembezeichnung: **Commodore 64**
Speichergöße:
  Arbeitsspeicher: 32 KB
  Massenspeicher: 64 KB
Betriebssystem: Commodore
Programmiersprachen:
  BASIC, UCSD-PASCAL, COMAL, LOGO, PILOT, ASSEMBLER
Einsatzbereiche:
  Arbeitsplatz, Schule, Freizeit, Unterricht, Musik, Grafik
Systembezeichnung:
Commodore 116/Commodore 16
Speichergröße:
  Arbeitsspeicher: 32 KB
  Massenspeicher: 16 KB
Betriebssystem: Commodore
Programmiersprache:
  BASIC
Einsatzbereiche:
  Freizeit, Grafik, Musik, Lernen

Systembezeichnung: **Commodore plus/4**
Speichergröße:
  Arbeitsspeicher: 32 KB
  Massenspeicher: 64 KB
Betriebssystem: Commodore
Programmiersprache:
  BASIC
Einsatzbereiche:
  Grafik, Beruf, Musik. Eingebaute Software: Textverarbeitung, Kalkulation, Datenverwaltung

Deutsche Olivetti DTS GmbH
Lyoner Straße 34
6000 Frankfurt am Main 71

Systembezeichnung: **Personal Computer M 10**
Speichergröße:
  Arbeitsspeicher: 8 K bis 32 K
  Massenspeicher: Kassettenrekorder
Betriebssysteme:
  ROM-residenter BASIC Interpreter
Programmiersprachen:
  BASIC
Einsatzbereiche:
  Mobiler Einsatz für Berater, Ärzte, Journalisten, Architekten, Einkäufer etc.

Systembezeichnung: **Personal Computer M 20**
Speichergröße:
  Arbeitsspeicher: 128 KB bis 512 KB
  Massenspeicher:
    2 × 160/320/640 KB
    5.25 Zoll MFD, 11.5 MB 5.25
Betriebssystem(e):
  PCOS, CP/M-86, MS-DOS
Programmiersprachen:
  serienmäßig: Assembler, BASIC, Cobol
Einsatzbereiche:
  Multifunktionaler Arbeitsplatz im Büro, für alle Bereiche

Systembezeichnung: **Personal Computer M 21**
Speichergröße:
  Arbeitsspeicher:
    128 KB bis 640 KB RAM

Massenspeicher:
320/360 KB Floppy
640/720 KB Floppy
externe HDU mit 9.12 MB
Betriebssystem(e):
MS-DOS, CCP/M-86, UCSD-p
Programmiersprachen:
je nach Betriebssystem
Einsatzbereiche:
Professionelle Anwendung in Büro und Industrie. Einsatz sowohl am Arbeitsplatz als auch vor Ort.

Systembezeichnung: **Personal Computer M 24**
Speichergröße:
Arbeitsspeicher:
128 KB bis 640 KB RAM
Massenspeicher:
320/360 KB Floppy
640/720 KB Floppy
externe HDU mit 9.12 MB
integr. Slim-line HDU mit 10.4 MB
Betriebssystem(e):
MS-DOS, CCP/M-86, USCD-p, PCOS
(mit Zusatzplatte)
Programmiersprachen:
je nach Betriebssystem
Einsatzbereiche:
Multifunktionaler Arbeitsplatz im Büro, für alle Bereiche.

Fortune Systems GmbH
Frankfurter Straße 63–69
6236 Eschborn

Systembezeichnung: **PS 10/20**
Speichergröße:
Arbeitsspeicher: 384 KB bis 1 MB
Massenspeicher: 10 MB bis 120 MB
Betriebssystem: Unix
Programmiersprachen:
CBasic, Basic, Cobol, Pascal, Fortran, „C", APL
Einsatzbereiche:
Kommerzielle Datenverarbeitung
Textverarbeitung
Einplatz-/Mehrplatzanlage

Systembezeichnung: **XP 20/30**
Speichergröße:
Arbeitsspeicher: 512 KB bis 1 MB
Massenspeicher: 20 MB bis 120 MB
Betriebssystem: Unix
Programmiersprachen:
CBasic, Basic, Cobol, Pascal, Fortran, „C", APL
Einsatzbereiche:
Kommerzielle Datenverarbeitung
Textverarbeitung
Einplatz-/Mehrplatzanlage

MARFLOW Computing GmbH
Brüderstr. 2
3000 Hannover 1

Systembezeichnung: **c't-86**
Speichergröße:
Arbeitsspeicher: 128 KB bis 896 KB
Massenspeicher: 400 KB bis 50 MB
Betriebssystem(e): CP/M-86, MS-DOS
Programmiersprachen:
NBasic, CBasic, Fortran, Pascal und C
Einsatzbereiche:
Industriesteuerungstechnik für ECB-Bus, programmierbarer Arbeitsplatz, Hobbybereich, Schulung

Systembezeichnung: **SET-65/Cepac-65**
Speichergröße:
Arbeitsspeicher: 2 KB bis 16 KB
Massenspeicher:
bis 20 MB (Digitalcassette)
Betriebssystem(e):
Hex-Assembler und -Editor
Programmiersprachen:
Assembler und Forth
Einsatzbereiche:
Trainings-Computer (Schulung), EPROM-Programmierung, Industriesteuerungstechnik

Systembezeichnung: **c't-Terminal**
Speichergröße:
Arbeitsspeicher: 2 KB bis 48 KB

Massenspeicher:
  bis 20 MB (Digitalcassette)
Betriebssystem(e):
  ergonomische Bedienerführung
Einsatzbereiche:
  Terminal, Textverarbeitung

microwi electronic gmbh
Zusamstraße 8
8900 Augsburg

Systembezeichnung: **microwi 68000**
Speichergröße:
  Arbeitsspeicher: 118 KB bis 512 KB
  Massenspeicher: 10 MB bis 25 MB
Betriebssystem: OS-9, UCSD-p-System
Programmiersprachen:
  alle unter den genannten Betriebssystemen verfügbar
Einsatzbereiche:
  Industrie, Wissenschaft, Betriebsdatenerfassung

Systembezeichnung: **microwi 65**
Speichergröße:
  Arbeitsspeicher: 64 kB
  Massenspeicher: 10 MB
Betriebssystem: MIDOS, UCSD-p-System
Programmiersprachen:
  alle unter den genannten Betriebssystemen verfügbar
Einsatzbereiche:
  Industrie, Wissenschaft, Betriebsdatenerfassung

Philips Kommunikations Industrie AG
Unternehmensbereich Philips Data Systems
Weidenauer Straße 211-213
5900 Siegen

Systembezeichnung: **Philips Personal Computer PC P 3100**
Speichergröße:
  Arbeitsspeicher: 128 KB bis 512 KB
  Massenspeicher: bis 2 × 360 KB
    oder 1 × 360 KB + 1 × 10 MB
Betriebssystem(e): MSDOS

Programmiersprachen:
  BASIC (Interpreter, Compiler RM/COBOL, FORTRAN, PASCAL. Alle unter MSDOS laufenden Sprachen
Einsatzbereiche:
  Kleinere und mittlere Betriebe, Workstation oder industrieller Multifunktionsarbeitsplatz, Kreditwirtschaft

Systembezeichnung:
Philips Office Micro System P 3500
Speichergröße:
  Arbeitsspeicher:
    64 KB pro Arbeitsplatz
    + 64 KB für Master
  Massenspeicher: max. 4 Arbeitsplätze
Betriebssystem(e): TURBO DOS/1,22
Programmiersprachen:
  MS BASIC, RM/COBOL, PASCAL MT
  + ASSEMBLER Z 80, C
  Alle unter CP/M-80 laufenden Sprachen
Einsatzbereiche:
  Kleine und mittlere Betriebe, Multiuser System mit max. 4 Arbeitsplätzen

Systembezeichnung:
Philips Office Micro System P 3800
Speichergröße:
  Arbeitsspeicher:
    256 KB pro Arbeitsplatz
    + 64 KB für Master
  Massenspeicher:
    max. 8 Arbeitsplätze 8 und 16 Bit
Betriebssysteme: TURBO DOS/1.4
Programmiersprachen:
  BASIC, RM/COBOL, PASCAL
  Alle unter CP/M-80 und CP/M-86 laufenden Sprachen
Einsatzbereiche:
  Mittlere Betriebe. Multiuser-System mit max. 8 Arbeitsplätzen